Università Italiana per Stranieri

ALBERTO MAZZETTI - ANNA COMODI

SCUSI,
LEI PARLA ITALIANO?

Stimoli alla conversazione
per un corso di lingua a livello elementare

Le Monnier

Impostazione grafica di PATRIZIA INNOCENTI.

Illustrazioni di ROBERTO MALFATTI.

Prima edizione: novembre 1980.
Prima ristampa: settembre 1982.
Seconda ristampa: giugno 1984.
Terza ristampa: aprile 1986.
Quarta ristampa: aprile 1988.
Quinta ristampa: luglio 1989.
Sesta ristampa: aprile 1992.

ISBN 88-00-85289-0

C.M. 852.896

17707-0 – Stabilimenti Tipolitografici «E. Ariani» e «L'Arte della Stampa»
della S.p.A. Armando Paoletti – Firenze

Introduzione

Ogni insegnante ormai, nel momento in cui si accinge a formulare e organizzare un «syllabus» dovrebbe avere ben chiara l'immagine della propria classe e ben noti dovrebbero essere a lui i motivi che spingono i suoi studenti allo studio della lingua seconda.

È possibile che vi siano studenti di una qualche facoltà universitaria che richiedono dallo studio della lingua seconda soltanto il conseguimento della comprensione scritta per poter consultare testi scientifici; è possibile anche che vi siano altri che si accontentano di una modesta capacità nella produzione scritta; ma è in genere vero che il fine di un apprendimento linguistico è quello di conquistare il linguaggio orale, strumento fondamentale col quale gli uomini si trasmettono i loro pensieri, i loro desideri, la loro volontà, le loro emozioni.

L'insegnante, perciò, deve finalizzare il proprio insegnamento al conseguimento di tutte le abilità linguistiche sviluppando però soprattutto quelle che consentono una comunicazione orale.

Infatti come dice Giovanni Nencioni «Tutto il sottile gioco della modalità affettiva e comunicativa, affidato nel parlare in situazione alla intonazione e al gesto, integrati da un condizionamento prammatico, si inserisce nella prospettiva del mediatore e si traspone in mezzi linguistici che sono certo più calcolati nel racconto o relazione scritti che in quelli orali, dove però non bisogna sottovalutare l'intervento del mediatore, il quale in situazione delicata, e col proposito di effetti di persuasione o conciliazione, suole elaborare un intertesto tra il messaggio riferito e il proprio e si sforza di attrarvi il testo del suo presente allocutorio, largamente ricorrendo ad operazioni metalinguistiche e a mezzi paralinguistici. È qui che interviene efficacemente — fattore di improvvisazione e di 'messa a punto' — il 'feedback' come percezione 'sur place' degli effetti perlocutivi della propria battuta che ogni interlocutore coglie nell'altro».

La conversazione è certamente il mezzo più idoneo per promuovere l'abilità comunicativa, ma ben note sono agli insegnanti di lingua seconda le difficoltà che si incontrano quando si vuole avviare in classe un dialogo con gli studenti e tra studenti.

Con questo libro, che è frutto di anni di sperimentazione nella Università per Stranieri di Perugia con migliaia di studenti provenienti da tutto il mondo, si intende proporre a colleghi e studenti temi e stimoli alla con-

versazione, offrire momenti di vita quotidiana sotto forma di vignette, scenette, dialoghi, racconti, articoli di giornali.

Le «vignette», i «dialoghi», le «letture», le «scenette di vita quotidiana», le «funzioni», i «racconti» che si trovano nel volume possono facilitare il lavoro dell'insegnante.

Numerosi sono gli esempi di approccio funzionale e nozionale ai quali segue l'invito di trasferire le «funzioni linguistiche» apprese, in altri contesti situazionali. Al dialogo completamente trascritto ne seguono altri mancanti della «voce» di un interlocutore e lo studente è invitato ad assumere il ruolo di questi personaggi.

Nelle vignette, che rappresentano momenti di vita quotidiana reale, a volte stravaganti e comici, si chiedono la descrizione, l'interpretazione della scena e la drammatizzazione.

Le letture e gli articoli di giornale sono seguiti da stimoli.

Le «schede» inserite nel testo potranno offrire un efficace stimolo alla discussione e alla ricerca.

Alcuni racconti sono soltanto avviati e se ne chiede la continuazione.

ALBERTO MAZZETTI

La via principale

Paola vive in una grande città.
Davanti alla porta della casa di Paola
passa la via principale della città.

Che cosa vedi sulla strada?
Perché le macchine sono ferme?
Dove cammina la signora con il cane?
Che cosa c'è al piano terra del palazzo?

. . . .

. . . .

Che puoi comprare in un negozio di calzature?

Preferisci vivere in città o in campagna?
Dove abiti?

. . . .

. . . .

Una casa in campagna

Marco abita in una bella casa in campagna.
La casa di Marco è in mezzo al verde.

Che fanno i bambini sul prato?
Come vivono gli animali in campagna?
Quali sono i mezzi di comunicazione che Marco usa?
Che cosa vedi intorno e dietro la casa?
Com'è la casa?

. . . .

. . . .

Vivi in campagna?
Pensi che è bello abitare fuori città?

. . . .

. . . .

Luisa va in ufficio

Luisa va in ufficio tutti i giorni alle otto precise; è un tipo puntuale. Oggi però è arrivata in ritardo perché ha avuto un piccolo incidente con la macchina all'incrocio di via Dante. Il capufficio non sa che Luisa ha fatto tardi, perché lui arriva sempre verso le nove; prima passa al bar per fare colazione e poi all'edicola per comprare il giornale.

— Dove va Luisa tutti i giorni?
— Luisa è puntuale o ritardataria?
— Perché oggi Luisa è arrivata in ritardo?
— Il capufficio sa che Luisa ha fatto tardi?
— Perché?
— Dove va prima di andare in ufficio?
....
....

Un raffreddore

Oggi Paola non può andare a scuola perché non sta molto bene. Ieri è uscita di casa senza ombrello e ha preso un bell'acquazzone; adesso ha un po' di mal di gola e di raffreddore e deve restare a letto. La madre ha preparato una tazza di tè caldo e due aspirine per Paola che domani deve tornare a scuola.

— Perché Paola non può andare a scuola oggi?
— Che cosa ha fatto ieri?
— Che cosa ha Paola, adesso?
— Che cosa ha preparato la madre per Paola?
— Che cosa deve fare domani, Paola?
....
....

L'autostop

Di solito Mario, quando deve fare un viaggio, fa l'autostop.
Ora Mario, all'ombra di un albero, chiede un passaggio.

Dove sta Mario, adesso?
Che cosa fa?
Che ha portato con sé?
Che vedi intorno a lui?
....
....
....
....
....

Fai l'autostop quando devi andare in qualche posto?
È possibile fare l'autostop nel tuo paese?
....
....

Viaggio in treno

Giulia ha sempre molte valige e perciò, preferisce viaggiare in treno.

Dove si trova Giulia, ora?
Che cosa vedi davanti allo sportello?
Che cosa fa Giulia?
Anche tu compri un giornale all'edicola prima di salire sul treno?
Descrivi tutto quello che vedi in questo disegno.
....
....
....
....

Hai fatto qualche lungo viaggio in treno?
Ti piace viaggiare in treno?
Perché ti piace (o non ti piace) viaggiare in treno?
....
....

Festa di compleanno

Questa sera Sandra dà una festa per il suo compleanno; ha invitato tutti i suoi amici e colleghi di lavoro per festeggiare i suoi ventun anni. Purtroppo Sandra non sa fare niente in cucina perciò ha chiesto l'aiuto di sua madre che è bravissima a preparare dei piatti squisiti e dei dolci sempre nuovi.

— Che cosa fa Sandra stasera?
— Chi ha invitato alla sua festa?
— Sandra sa cucinare bene?
— La madre di Sandra è una brava cuoca?
....
....

Programmi per la domenica

Sono le nove e mezza di domenica mattina; Maria e Clara oggi non fanno colazione al bar come sempre, ma nel loro appartamento perché hanno dormito più del solito. La colazione è abbondante con pane, burro, marmellata e con un ottimo, caldo caffellatte. Mentre mangiano, fanno i programmi per il pomeriggio: Maria ha un appuntamento alle quattro con un amico per andare a vedere un film; Clara ha deciso di fare una scappata ad Assisi per visitare la città.

— Che ore sono?
— Maria e Clara dove fanno colazione, di solito?
— Perché oggi fanno colazione nel loro appartamento?
— Com'è la loro colazione?
— Che cosa fanno mentre mangiano?
— Che programma ha Maria per il pomeriggio?
— Che cosa ha deciso di fare Clara?
....
....

Lavoro straordinario

1. *Osserva il disegno*
2. *Descrivi ciò che vedi*
3. *Immagina il dialogo che si svolge in questa scena*
4. *Racconta il fatto*

In un negozio di calzature

1. *Osserva il disegno*
2. *Descrivi ciò che vedi*
3. *Immagina il dialogo che si svolge in questa scena*
4. *Racconta il fatto*

La segretaria disattenta

1. *Osserva il disegno*
2. *Descrivi ciò che vedi*
3. *Immagina il dialogo che si svolge in questa scena*
4. *Racconta il fatto*

In autobus

Molte persone prendono l'autobus per andare al lavoro o per andare a visitare altre città.
In Italia molte città sono collegate fra loro da autobus.

Che cosa vedi?
Chi sono queste persone, secondo te?
Che cosa fanno?
Che bagagli hanno?

....
....
....
....
....
....

Preferisci l'autobus o il treno per viaggiare?
Perché?
....
....

Sulle Alpi

Abbiamo qualche giorno di vacanza e siamo sulle Alpi a sciare.

Dove ci troviamo?
Come sono le case in montagna?
Che cosa fanno le persone che vedi?
Come passiamo le serate, quando siamo in montagna?
Che cosa vedi in questo disegno?

....
....
....
....
....
....

Abiti vicino a una montagna?
Vai a sciare qualche volta?
Quando ci vai?
....

Il mal di denti

Paolo passa per la strada con un enorme fazzoletto girato intorno alla testa; cammina in fretta e tiene gli occhi bassi.

— Che succede, Paolo, senti freddo? — domanda Maria.
— No, non sento freddo, ma ho un forte mal di denti e devo andare subito dal dentista.
— Posso venire con te?
— Grazie, ma preferisco stare da solo con il mio dolore!

— Dov'è Paolo?
— Che cosa ha intorno alla testa?
— Passeggia tranquillamente?
— Che cosa chiede a Paolo la sua amica quando lo incontra?
— Che cosa risponde Paolo?
— Paolo accetta la compagnia di Maria?

. . . .
. . . .
. . . .

All'ufficio turistico

Durante questo fine settimana, Marco ha intenzione di visitare Firenze; va all'ufficio turistico della città e chiede alla signorina: — Scusi, vorrei sapere l'orario dei treni per Firenze.
— Quando pensa di partire, la mattina o il pomeriggio?
— Venerdì pomeriggio.
— Bene, c'è un treno nel primo pomeriggio che parte alle 14 e 20, un altro alle 16 e un altro ancora alle 17 e 45; per tornare c'è un treno comodissimo che parte da Firenze alle 18 e arriva a Perugia alle 20 e 20.
— Va benissimo, La ringrazio infinitamente.
La signorina scrive su un foglietto l'orario dei treni per Marco.

— Che ha intenzione di fare Marco, durante questo fine settimana?
— Dove va ora?
— Che cosa chiede alla signorina dell'ufficio turistico?
— Che cosa vuole sapere la signorina?
— Quando partirà Marco?
— Che treno c'è per tornare a Perugia?

. . . .
. . . .
. . . .

Al mare

È caldo; abbiamo fatto le valige e siamo andati al mare.

Dove siamo?
Che cosa vedi in questo disegno?
Che cosa fanno le persone sulla spiaggia?
Che cosa fanno le persone che sono in ac-qua?
Che fanno i bambini al mare?

....
....
....
....
....
....

Abiti vicino al mare?
Quando hai un po' di tempo vai al mare?
Come passi le tue giornate quando sei al mare?
Preferisci passare le tue vacanze al mare o in montagna?
Perché?
....

In ufficio

Siamo nell'ufficio di un ricco indu-striale e parliamo con la sua segretaria, Paola.

Che lavoro fa Paola?
Che cosa vedi sulla sua scrivania?
Che cosa fa Paola in questo momento?
Chi c'è nella stanza vicina?
Com'è l'ufficio dell'industriale?
Che cosa vedi sul suo tavolo?

....
....
....
....
....
....

L'arredamento dell'ufficio di Paola è moderno; ti piace?
Come sono i mobili di casa tua, antichi o moderni?

....

Dal fruttivendolo

— Buongiorno.
— Giorno!
— C'è frutta fresca oggi?
— È sempre fresca la frutta che vendo io! Guardi che mele e che pere! Che cosa le dò?
— Mah, stasera ho degli amici a cena e vorrei preparare una bella macedonia di frutta e poi mi serve anche un po' di verdura per cuocere...
— Allora pensiamo prima per la macedonia; due mele, due pere, una banana, un cestino di fragole, un etto di ciliege, un limone, due pesche, due albicocche, un ananas...
— No, l'ananas lo prendo in barattolo, così non perdo tempo a pulirlo...
— Come vuole; certo che a giugno la macedonia viene buona, c'è ogni tipo di frutta... basta così?
— Due chili di spinaci... quant'è tutto?
— 250... 500... 1200... 6500.
— Eccole 10000 lire.
— Bene; 6500, 7000, 8000, 9000 e 10.000, grazie!
— Buongiorno!

Immagina di trovarti in un negozio di frutta, di alimentari o di carni per comprare qualcosa che ti serve: chiedi a un tuo amico di aiutarti in questi dialoghi.

Una domanda terribile

1. *Osserva il disegno*
2. *Descrivi ciò che vedi*
3. *Immagina il dialogo che si svolge in questa scena*
4. *Racconta il fatto*

In un negozio di abbigliamento

1. *Osserva il disegno*
2. *Descrivi ciò che vedi*
3. *Immagina il dialogo che si svolge in questa scena*
4. *Racconta il fatto*

Un pic nic

1. *Osserva il disegno*
2. *Descrivi ciò che vedi*
3. *Immagina il dialogo che si svolge in questa scena*
4. *Racconta il fatto*

Una partita a carte

A casa di Mario la sera si gioca a carte...
Qualche volta, dopo cena, alcuni amici vanno a casa sua e organizzano una partita. Giocano fino a tardi mentre tutta la famiglia di Mario dorme.

Che cosa fanno i quattro amici che vedi?
Dove si trovano?
Che ore sono? È presto o tardi?
Che cosa bevono per restare svegli?
Dov'è la famiglia di Mario?
....
....

Giochi mai a carte con i tuoi amici?
Ti piace passare le serate in casa o preferisci uscire?
Quale gioco conosci meglio?
....
....

All'aeroporto

All'aeroporto è arrivata una vecchia signora con molti bagagli e con un cagnolino in braccio. Gianni si avvicina e l'aiuta a salire su un taxi.

Quanti viaggiatori vedi?
Hanno molti bagagli?
Che cosa fa il ragazzo vicino al taxi?
Com'è vestita la vecchia signora?
....
....
....
....

....
....

Un po' di musica

Giovanni ascolta sempre un po' di musica prima di andare a dormire, preferisce la musica jazz. Compra continuamente dischi nuovi ed è molto informato su cantanti, musicisti e complessi jazz. Questa sera però Giovanni è un po' arrabbiato perché il suo nuovo giradischi non funziona: sarà rotto?

— Quando ascolta la musica Giovanni?
— Che tipo di musica preferisce?
— Compra spesso dei dischi?
— Giovanni è informato sulla musica jazz?
— Funziona stasera il nuovo giradischi di Giovanni?
— Che è successo al giradischi?
....
— Che genere di musica preferisci, tu?
— Ti piace ascoltare la musica quando sei solo?

La collezione di farfalle

Mario è un ragazzo con mille interessi diversi che non sta mai senza far niente. Da qualche mese per esempio, ha cominciato a fare una collezione di farfalle. Quando ha un po' di tempo libero se ne va in campagna a cercare quelle che mancano alla sua collezione e corre per ore dietro a questi bellissimi insetti. Conosce quasi tutti i tipi di farfalle che esistono al mondo e la sua collezione è veramente interessante... e colorata!

— Che tipo è Mario?
— Che cosa fa da qualche mese?
— Dove va quando ha un po' di tempo libero?
— Conosce molti tipi di farfalle?
— Com'è la sua collezione?
....
....
— Hai qualche *hobby* per il tuo tempo libero?

Al telefono

— Pronto, sono Maria Belli; casa Rossi?

— Sì?

— Mi passa Massimo per favore? Sono un'amica...

— Mi dispiace signorina, ma Massimo non è in casa, è uscito proprio adesso...

— Oh, e adesso come faccio?

— Perché? Le è successo qualcosa? Se vuole dirlo a me, io sono la mamma di Massimo.

— Guardi, signora, sono fuori Perugia e mi si è rotta la macchina, non so cos'è, credo il motore. Ho provato a fare l'autostop ma con questo tempo da cani non passa nessuno e poi preferirei portare via la macchina. Volevo sapere se Massimo poteva venirmi a prendere; comunque, se non c'è, pazienza, proverò in qualche altro modo.

— Non so che dirle... io non ho la macchina, altrimenti verrei io stessa; provi a richiamare fra dieci minuti, vedrà che Massimo rientra presto!

— Va bene, richiamerò; grazie per adesso e scusi del disturbo!

— Ma le pare!! Arrivederla.

Sei mai rimasto per strada con la macchina in 'panne'? Chi hai chiamato? Tuo fratello? Il fidanzato? Il tuo meccanico? Con l'aiuto di un tuo compagno di classe immagina di dover fare una telefonata in una situazione come questa.

....

....

....

....

....

....

Il cappuccino

Paola ha messo sul gas un po' di latte per prepararsi un cappuccino. Mentre sta in cucina, suona il telefono. Paola va a rispondere di corsa e, quando dall'altra parte sente la voce di Mario, si dimentica completamente del suo cappuccino, del latte e anche del gas acceso. Ad un certo momento sente un forte odore di bruciato, corre subito in cucina, ma si accorge che ormai tutto il latte si è versato e che la pentola è diventata tutta nera.

....
....

— Che cosa ha messo sul gas Paola?
— Che cosa vuole prepararsi?
— Dove si trova Paola quando squilla il telefono?
— Paola aspetta un momento prima di andare a rispondere?
— Che cosa succede a Paola quando sente la voce di Mario?
— Che cosa sente ad un certo momento?
— Che cosa è successo in cucina?

....
....

Mario, il pendolare

Mario abita a Lodi e lavora a Milano; prende il treno tutte le mattine per andare in fabbrica e tutte le sere per tornare a casa: è un «pendolare». La vita di un pendolare non è facile perché passa quattro o cinque ore del suo tempo libero in viaggio e quando ritorna a casa è stanco e non ha più voglia né di parlare né di giocare con i figli, né di leggere qualcosa; il suo sogno è quello di riuscire a comprarsi un appartamento in città vicino a dove lavora.

....
....

— Dove abita Mario?
— Dove lavora?
— Con quale mezzo va a lavorare?
— Perché la vita di un pendolare è difficile?
— Quando Mario ritorna a casa ha tempo per uscire o per divertirsi?
— Qual è il suo sogno?

....
....

Il signor Paolo torna tardi a casa

Esamina la seguente vignetta, descrivi ciò che vedi e poi, con l'aiuto di un compagno di classe, costruisci il dialogo che avviene fra i personaggi.

Il signor Paolo ha fatto un po' tardi in ufficio stanotte... Il problema è che ha una moglie gelosissima e con un brutto carattere, che vuole una spiegazione logica a questo ritardo; il signor Paolo sta cercando una scusa ma non sarà facile trovarla: sul colletto della camicia ha una macchia di rossetto e il suo profumo non è quello solito!

Ecco, immagina di essere il signor Paolo mentre cerca di dare una risposta alle domande della moglie: dove sei stato fino adesso? Di chi è questo profumo? Sei stato proprio in ufficio? Come mai c'è questa macchia di rossetto sulla camicia?

....

....

La signora Pia ha perduto il cagnolino

Esamina la seguente vignetta, descrivi ciò che vedi e poi, con l'aiuto di un compagno di classe, immagina il dialogo che avviene fra i personaggi.

La signora Pia ieri, come fa spesso, ha portato il suo cagnolino ai giardini pubblici per farlo giocare e correre un po'. Ad un certo momento l'ha perso di vista, l'ha chiamato, l'ha cercato, ha girato tutti i giardini, ha aspettato due ore e alla fine ha presentato denuncia di smarrimento ai carabinieri. Ora sta raccontando ad un giovane carabiniere quello che le è successo; gli spiega anche che è molto affezionata al cane e promette una ricompensa a chi glielo riporterà.

Immagina il dialogo che avviene fra la signora e il carabiniere: lui le chiederà di descrivergli il cane; a quale nome risponde; a che ora l'ha perso di vista. Lei risponderà e spiegherà anche che non è un cane di razza, ma per lei ha un grande valore affettivo...

....

....

Una partita a tennis

Due amici fanno una partita a tennis. Paolo è molto bravo, un vero campione; anche Mario gioca abbastanza bene. Sedute all'ombra, le loro ragazze con altri amici li osservano in silenzio.

Che fanno Paolo e Mario?
Sono bravissimi tutti e due?
Chi c'è a guardarli?
....
....
....
....

Tu giochi a tennis, qualche volta?
Quando hai imparato a giocare a tennis?
È diffuso questo sport nel tuo paese?
....
....

A caccia

Siamo in un bosco la mattina presto... Mario e Giuseppe sono due cacciatori; questa mattina si sono alzati prestissimo per andare a caccia.

Dove sono adesso Mario e Giuseppe?
Che cosa hanno sulle spalle?
Come sono vestiti?
Descrivi quello che vedi nel disegno.
....
....
....
....

Tu vai a caccia?
Nel tuo paese la caccia è proibita?
Che cosa pensi della caccia?

L'astronauta

L'astronauta Giovanni Rossi si trova su un'astronave che gira intorno alla terra; si annoia un po' perché ha fatto già cento giri, perciò vuole provare un'altra emozione: corregge leggermente la rotta dell'astronave e si dirige verso lo spazio infinito. Le comunicazioni con la terra si interrompono per due giorni interi; il terzo giorno arriva di nuovo la voce di Giovanni: 'Non mi aspettate, non ritornerò: ho scoperto un pianeta bellissimo che non conosce né lo studio né il lavoro e la gente pensa solo a divertirsi'.

— Dove si trova Giovanni Rossi?
— Che cosa sta facendo l'astronave?
— Si diverte Giovanni?
— Che cosa fa allora?
— Dove si dirige?
— Le comunicazioni con la terra continuano regolarmente?
— Che cosa succede il terzo giorno?
— Che cosa dice Giovanni?
....
....

Una vecchietta terribile

Giulia è una vecchietta terribile: è piena di acciacchi, ha quasi novant'anni, ma non vuole stare mai a casa e viaggia continuamente con grande preoccupazione dei suoi figli. Ieri per esempio è andata a Perugia per fare una visita alla nipote che studia all'università; è arrivata con il treno delle quattro con molti pacchetti e con una valigia. Fortunatamente ha incontrato un ragazzo gentilissimo che l'ha aiutata a caricare tutti i bagagli su un taxi...

— La signora Giulia è una vecchietta tranquilla?
— Perché?
— Dove è andata ieri?
— A che ora è arrivata?
— Chi ha incontrato?
....
....

Il parco

Siamo in un parco alla periferia della città con alberi grandi e piccoli e fiori sparsi qua e là. È primavera e il sole illumina tutte le cose: la fontana in mezzo al parco, le panchine dove si siedono vecchi e innamorati, i cuori disegnati sui tronchi degli alberi e gli uccelli che volano da un ramo all'altro.

Dopo che l'insegnante ti ha spiegato le parole nuove, rileggi attentamente il brano e disegna su un foglio le immagini suggerite dalla lettura.
Poi, guardando il disegno che hai fatto, descrivi la scena.
....
....

La scrivania

Sopra la mia scrivania tengo tutte le cose che mi servono per studiare e per prendere gli appunti. Davanti a me c'è un libro aperto a pagina 261, con sopra la penna; a sinistra una penna, a destra il vocabolario che uso spessissimo. Sull'angolo della scrivania tengo il portapenne, la gomma per cancellare, le matite e il nastro adesivo; vicino c'è un portacenere pieno, un pacchetto di sigarette, i fiammiferi. Nel punto più lontano c'è la mia radiolina: quando sono molto stanco l'accendo e mi riposo cinque minuti.

Dopo che l'insegnante ti ha spiegato le parole nuove, rileggi attentamente il brano e disegna su un foglio le immagini suggerite dalla lettura.
Poi, guardando il disegno che hai fatto, descrivi la scena.
....
....

L'esame

Il mio amico Alessandro ieri non è uscito di casa ma ha studiato tutto il giorno perché deve preparare un esame. Anche Gianni deve dare lo stesso esame, ma non si preoccupa molto e studia pochissimo: ieri sera, per esempio, è andato a teatro con un'amica, poi hanno mangiato insieme una pizza, hanno passeggiato un po' e hanno chiacchierato fino a tardi. Quando Gianni è rientrato, ha trovato Alessandro addormentato sul libro con la luce ancora accesa.

— Il tuo amico Alessandro è uscito ieri?
— Perché ha studiato tutto il giorno?
— Gianni non deve dare l'esame?
— Che cosa ha fatto Gianni ieri sera?
— Come ha trovato il suo amico quando è rientrato a casa?

....
....
....
....

Figlio unico

Marco è figlio unico ed è molto capriccioso! I suoi genitori sono convinti che deve avere tutte le cose che non hanno avuto loro da piccoli e cercano di accontentarlo sempre. Marco ha capito qual è il punto debole dei genitori e sa che può ottenere tutto ciò che vuole: sicuramente in famiglia il più forte è lui; tant'è vero che il padre adesso è in giro per i negozi a cercare un orologio elettronico che Marco ha visto in una pubblicità per bambini e che vuole assolutamente. La mamma sta mettendo a posto le sue 'costruzioni' e gli altri giocattoli che lui ha lasciato, come al solito, qua e là.

— Marco ha molti fratelli?
— Ha un carattere dolce?
— Che pensano i suoi genitori?
— Marco ha capito come la pensano i suoi genitori?
— Chi è il più forte in famiglia?
— Dov'è adesso il padre di Marco?
— Che sta facendo la madre?

....
....
....
....

In un Istituto di ricerche mediche

Siamo in un Istituto di ricerche mediche. In una stanza vediamo, appese alla parete, delle radiografie; su un tavolo ci sono tutti i ferri necessari per le operazioni chirurgiche e un cane, legato. Molti medici usano animali per fare esperimenti scientifici.

Dove ci troviamo?
Che cosa vedi appeso alla parete?
Che cosa c'è sul tavolo?
Perché il cane è legato?
....

Che pensi degli esperimenti sugli animali?
Secondo te, questi esperimenti sono necessari?
Nel tuo paese c'è una legge che regola questi esperimenti?
....
....

L'astronave

Proprio fuori della città è atterrata un'astronave e ne è sceso uno strano individuo che parla con un uomo.

Che cosa vedi in questo disegno?
L'astronave è atterrata in aperta campagna o vicino alla città?
Che cosa ha nelle mani il nuovo arrivato?
Puoi immaginare che cosa dicono le due persone?
....
....
....
....
....
....

Hai mai visto un UFO?
Pensi che in un mondo lontano possono vivere altri esseri?...........................
....

Il mercatino

Pochi giorni prima di Natale, Anna ha fatto una scappata al mercatino di via Mazzini per comprare qualche regalo per i suoi amici, perché dicono che lì si risparmia. Ha visto un sacco di cose interessanti e simpatiche ma alla fine ha deciso di comprare tutte cose utili. Per Giuseppe ha preso un bel maglione rosso scuro, taglia 46; forse sarà un po' grande ma quest'anno vanno di moda così e lei è sicura che a Giuseppe piacerà moltissimo!

— Dov'è andata Anna pochi giorni prima di Natale?
— Perché è andata al mercatino di via Mazzini?
— Ha visto cose interessanti?
— Alla fine quali regali ha scelto?
— Che cosa ha comprato per Giuseppe?
— Sarà piccolo quel maglione per Giuseppe?
....
....

La scelta del film

Ieri sera Marco e Luisa sono andati al cinema. Prima di uscire di casa hanno avuto una lunga discussione sulla scelta del film da vedere; Marco infatti preferisce i film impegnati (è un tipo molto serio), Luisa al contrario adora i film sentimentali e le commedie divertenti (è molto romantica). Alla fine hanno trovato una soluzione soddisfacente per tutti e due: hanno scelto un film di Charlie Chaplin, vecchio, ma sempre attuale.

— Dove sono andati ieri sera Marco e Luisa?
— Che è successo prima di uscire?
— Che genere di film preferisce Marco?
— Che tipo di film preferisce Luisa?
— Che carattere ha Luisa?
— Hanno continuato a discutere per tutta la sera?
— Quale film hanno scelto alla fine?
....

— Che genere di film preferisci?
— Quali film hai visto ultimamente?
....
....

22

L'appuntamento dimenticato

1. *Osserva il disegno*
2. *Descrivi ciò che vedi*
3. *Immagina il dialogo che si svolge in questa scena*
4. *Racconta il fatto*

La partenza

1. *Osserva il disegno*
2. *Descrivi ciò che vedi*
3. *Immagina il dialogo che si svolge in questa scena*
4. *Racconta il fatto*

La cartella delle tasse

1. *Osserva il disegno*
2. *Descrivi ciò che vedi*
3. *Immagina il dialogo che si svolge in questa scena*
4. *Racconta il fatto*

Il gioco del calcio

Quando Roberto frequentava l'università a Firenze giocava a calcio nella squadra universitaria. Questo sport gli piaceva moltissimo perché gli permetteva di giocare in gruppo; non gli piacevano infatti gli sport individuali come l'atletica leggera o il tennis ma i giochi di squadra. Era un bravo giocatore e aveva molti ammiratori. Quando ha lasciato l'università ha smesso di praticare lo sport; ha trovato un posto come impiegato in banca ed ora è un tranquillo signore con qualche chilo in più, che segue lo sport alla televisione e sui giornali.

— Che faceva Roberto quando frequentava l'università a Firenze?
— Gli piacevano gli sport individuali?
— Quali sport preferiva?
— Era bravo?
— Quando ha smesso di praticare lo sport?
— Dove lavora adesso?
— Come segue lo sport?
....
....
....

Un'automobile sportiva

Ora Mario e Francesca guadagnano abbastanza e hanno venduto la loro vecchia FIAT perché vogliono comprare finalmente la macchina dei loro sogni: un'automobile sportiva! Hanno già visitato molti rivenditori, hanno chiesto i prezzi di vari modelli e hanno provato alcune macchine. Ma prima di tornare a casa si fermano sempre davanti al salone della Ferrari: c'è una macchina rossa, bellissima con una linea elegante e moderna, ma una Ferrari costa troppo per le loro tasche e per ora devono accontentarsi di un modello più economico e continuare a sognare...

— Quanto guadagnano ora Mario e Francesca?
— Che cosa hanno venduto?
— Che cosa vogliono comprare?
— Hanno già visitato qualche «salone»?
— Prima di tornare a casa dove si fermano?
— Compreranno una Ferrari?
....
....
....
....

24

I lavori della campagna

Osserva attentamente questo disegno:

— Dove ci troviamo?
— Che animali vedi e dove sono?
— Che fa la donna al centro del disegno?
— I bambini che cosa stanno facendo?
— Che cosa fanno gli uomini?
— Puoi descrivere la casa che vedi?
— Ora cerca di descrivere tutto quello che vedi.

....
....

In questo spazio scrivi le parole e le frasi nuove che hai usato:

....
....
....
....

Puoi immaginare il dialogo che avviene fra i bambini che colgono le pere?
Immagina di aver passato il fine settimana ospite di amici in campagna e di raccontarci
quello che hai fatto e quello che hai visto da loro.

Una città in fondo al mare

Siamo nell'anno 2128; ormai è impossibile vivere sulla terra, completamente inquinata, perciò abbiamo costruito delle città modernissime in fondo al mare.

Dove ci troviamo?
Che vedi in questo disegno?
Che vedi dentro la città?

....
....
....
....

Sarà possibile vivere sott'acqua in futuro?
Secondo te l'uomo sfrutta razionalmente le enormi ricchezze del mare?
Come vivranno le prossime generazioni, secondo te?
Sei ottimista o pessimista sul futuro dell'uomo?

....

Al concerto

Giulia va spesso a sentire concerti di musica classica; questa sera c'è un famoso pianista che suona musiche dell'800 e il pianoforte è lo strumento che lei preferisce.

Dove ci troviamo?
Che cosa vedi in questo disegno?
Che cosa fa il pianista?
Qual è lo strumento che preferisce Giulia?

....
....
....
....

Ti piace la musica?
Che tipo di musica preferisci?
Sai suonare qualche strumento?

....

I danni dell'inquinamento

Negli ultimi venti anni si è molto sviluppata l'industria, che ha portato indubbiamente un benessere che prima non conoscevamo. Ma, specialmente al nord dove sono numerosissime, le industrie hanno causato dei gravi danni al paesaggio: l'aria è diventata irrespirabile, piena di fumi di scarico, le acque dei fiumi e dei mari sono piene di sostanze chimiche che le navi e le fabbriche ci scaricano; in certi posti è pericoloso o impossibile fare il bagno, i pesci muoiono, gli uccelli diminuiscono ogni anno; fra gli uomini aumentano le malattie causate dall'ambiente inquinato che ci circonda. Il governo e vari enti locali hanno promosso studi e ricerche per prevenire o limitare i danni dell'inquinamento.

— Si è sviluppata negli ultimi anni l'industria nel tuo Paese?
— È grave l'inquinamento dove abiti tu?
— Ci sono leggi nel tuo Paese contro l'inquinamento?
— Che pensi di questo problema?
....
....

La disoccupazione

Dopo il boom industriale che ha caratterizzato molti paesi intorno agli anni sessanta, negli ultimi tempi, anche in seguito alla crisi energetica, si torna a parlare di crisi produttiva, economica e della disoccupazione.
In Italia il fenomeno della disoccupazione è abbastanza vasto e riguarda soprattutto i giovani in cerca del primo impiego, laureati e diplomati in modo particolare. È più grave nelle regioni meridionali, scarsamente industrializzate dalle quali ogni anno parte, in cerca di occupazione al nord o altrove, un buon numero di emigranti. Si trova invece meno disoccupazione nelle regioni settentrionali, da sempre più industrializzate.

— Che cosa è successo in Italia negli ultimi venti anni?
— Quali sono le regioni italiane in cui è più forte la disoccupazione?
....
....
— Ci sono molti disoccupati nel tuo Paese?
— Ci sono leggi per risolvere questo problema?
— Quali sono le regioni del tuo Paese, in cui la disoccupazione è più forte?
— Ci sono emigrati italiani nel tuo Paese?
....
....

A tavola

1. *Osserva il disegno*
2. *Descrivi ciò che vedi*
3. *Immagina il dialogo che si svolge in questa scena*
4. *Racconta il fatto*

Il naufrago

1. *Osserva il disegno*
2. *Descrivi ciò che vedi*
3. *Immagina il dialogo che si svolge in questa scena*
4. *Racconta il fatto*

In carcere

1. *Osserva il disegno*
2. *Descrivi ciò che vedi*
3. *Immagina il dialogo che si svolge in questa scena*
4. *Racconta il fatto*

Completare la descrizione

Quando facevo l'università, ho frequentato per qualche mese un corso di lingua francese a Parigi; qui, abitavo ....
....

Completare la descrizione

Certo che la tua amica è stata fortunata a sposare Mario! È così buono! È serio. Lavora in banca dalla mattina alla sera. Ieri mentre lui lavorava, lei ....
....

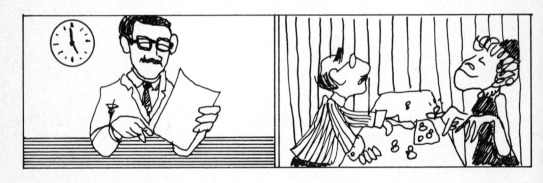

Completare la descrizione

Ora abito in questa grande città insieme alla mia famiglia, mia moglie e i miei due figli; ma quando ero bambino ....
....

Incontro di vecchi amici

Esamina la seguente vignetta, descrivi ciò che vedi e poi, con l'aiuto di un compagno di classe, immagina il dialogo che avviene fra i personaggi.

Paolo e Mario sono andati a scuola insieme al liceo; poi uno ha fatto l'Università, l'altro ha messo su una fabbrica di mobili, che però non è andata molto bene. Dopo tanti anni si incontrano all'aeroporto, uno elegantissimo, l'altro un po' meno, si salutano e ricordano insieme i vecchi tempi della scuola, i professori, gli scherzi che si facevano, i primi amori. Parlano anche dei loro progetti per il futuro e della loro famiglia.

Immagina il dialogo che può avvenire fra questi due vecchi amici...

....

La baby sitter

Esamina la seguente vignetta, descrivi ciò che vedi e poi, con l'aiuto di un compagno di classe, immagina il dialogo che avviene fra i personaggi.

Tu e tuo marito siete stati invitati ad una cena e non potete proprio mancare, così hai chiamato una baby sitter per il tuo bambino di soli dieci mesi. La ragazza è arrivata. Prima di uscire le fai vedere la casa, la camera del bambino, la cucina (se ha fame può riscaldarsi qualcosa), le dici quali sono le abitudini del piccolo, che cosa deve fare se si sveglia. Le lasci delle riviste da leggere (o lei ha portato il suo lavoro a maglia?) e le ricordi che se vuole vedere la televisione, deve tenere il volume bassissimo!

Immagina il dialogo fra la signora e la giovane baby sitter.

Il salotto

1. *Osserva il disegno*
2. *Descrivi ciò che vedi*
3. *Immagina il dialogo che si svolge in questa scena*
4. *Racconta il fatto*

Il ciclista

1. *Osserva il disegno*
2. *Descrivi ciò che vedi*
3. *Immagina il dialogo che si svolge in questa scena*
4. *Racconta il fatto*

Una lettera

1. *Osserva il disegno*
2. *Descrivi ciò che vedi*
3. *Immagina il dialogo che si svolge in questa scena*
4. *Racconta il fatto*

Una via della città

Osserva attentamente questa scena:

— Chi ha parcheggiato vicino al marciapiedi?
— Che fa il ragazzo davanti al negozio della frutta?
— Che fanno le persone ferme vicino al semaforo?
— Dove va quella signora con la macchina scura?
— Che fa il vigile?
— Puoi descrivere tutta la scena?
....
....

In questo spazio scrivi tutte le parole e le frasi nuove che hai usato:
....
....
....
....

La signora con la macchina scura non ha visto il divieto di transito e il vigile l'ha fermata; puoi immaginare il dialogo che avviene fra i due, magari con l'aiuto di un compagno di classe?
Puoi immaginare anche il dialogo fra il commerciante di frutta e il ragazzo che gli ha portato le mele fresche?

Al ristorante

Siamo nel ristorante «Da Vincenzo» dove oggi Maria e Giulio festeggiano, con parenti e amici, il loro matrimonio. È il momento finale del pranzo, quello del taglio della torta e dei saluti prima della partenza per un lungo viaggio. Tutti gli amici sono vicini agli sposi che, con un grande coltello, cominciano a tagliare un dolce di sei piani; davanti a loro ci sono bicchieri pieni di spumante. Soli, dietro a tutti, ci sono quattro persone, due donne e due uomini non più giovanissimi: sono i genitori degli sposi...

Dopo che l'insegnante ti ha spiegato le parole nuove, rileggi attentamente il brano e disegna su un foglio le immagini suggerite dalla lettura.
Poi, guardando il disegno che hai fatto, descrivi la scena.
....
....

Una ragazza elegante

Stamattina ho incontrato Maria, come al solito, elegantissima; aveva i capelli biondi e ricci appena pettinati dal parrucchiere, un paio di occhiali da sole all'ultima moda, una giacca marrone di pelle, una gonna a quadri lunga fin sotto il ginocchio, un paio di stivali col tacco basso. Portava una borsa a tracolla molto grande, firmata da un famoso disegnatore parigino... al dito aveva un anello meraviglioso che mandava una luce bellissima; sicuramente l'ultimo regalo dei suoi genitori...

Dopo che l'insegnante ti ha spiegato le parole nuove, rileggi attentamente il brano e disegna su un foglio le immagini suggerite dalla lettura.
Poi, guardando il disegno che hai fatto, descrivi la scena.
....
....

Invito ad una festa

ANNA: Ciao Maria, come va?

MARIA: Bene, grazie; e tu?

ANNA: Benissimo! Sai che mi sono laureata? Sono piuttosto stanca perché in questi mesi ho dato gli ultimi esami e ho preparato la tesi. Finalmente ce l'ho fatta!

MARIA: Congratulazioni!! Adesso scriverai anche tu «dott» davanti al nome... Che tesi hai presentato?

ANNA: Ho discusso la tesi in storia medievale col professor Rossini; ma la cosa più difficile adesso sarà trovare un lavoro. Comunque prima di pensare alle cose serie voglio riposarmi e divertirmi un po'; sabato do una festicciola a casa mia, ci vieni?

MARIA: Volentieri, grazie!

ANNA: Guarda, non sarà niente di speciale, giusto per stare un po' insieme fra amici...

MARIA: Va benissimo; senti, posso portare anche il mio ragazzo? È simpatico, vedrai che ti piacerà...

ANNA: Certo, mi fa piacere... Adesso scappo perché devo fare un sacco di cose, comunque ci vediamo a casa mia sabato verso le nove, d'accordo? Mi raccomando, non mancate!!

MARIA: Sta' sicura, ci vediamo!

Anche tu sabato prossimo farai una festa (per festeggiare i tuoi 21 anni? per il tuo onomastico? per salutare gli amici prima di partire?).
Invita la tua amica (o altre persone) alla tua festa...

. . . .

. . . .

Il fidanzato

1. *Osserva i disegni*
2. *Descrivi ciò che vedi*
3. *Immagina il dialogo che si svolge in queste scene*
4. *Racconta il fatto*

. . . .
. . . .
. . . .
. . . .
. . . .
. . . .
. . . .
. . . .
. . . .
. . . .
. . . .
. . . .
. . . .
. . . .
. . . .
. . . .
. . . .

Completare la descrizione

Ieri sera sono tornato tardi dal lavoro; mi sono seduto in una poltrona del soggiorno
....
........; ad un certo momento ....

Completare la descrizione

Lunedì prossimo devo dare un esame all'università e in questi giorni sto studiando come
un pazzo; anche ieri sera stavo in casa ....
....; improvvisamente ....

Completare la descrizione

Dopo un lungo e freddo inverno, finalmente è arrivata la primavera; ieri, per esempio, è
stata una bellissima giornata, tanto che la signora Luisa ha deciso di portare i figli ai giardini pubblici. Mentre la mamma lavorava a maglia ....
....

L'extraterrestre

1. *Osserva i disegni*
2. *Descrivi ciò che vedi*
3. *Immagina il dialogo che si svolge in queste scene*
4. *Racconta il fatto*

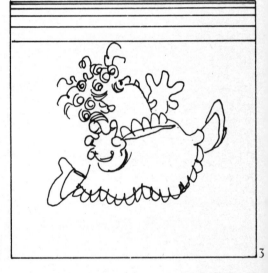

Il «buon» esempio

1. *Osserva i disegni*
2. *Descrivi ciò che vedi*
3. *Immagina il dialogo che si svolge in queste scene*
4. *Racconta il fatto*

A teatro

Osserva attentamente questo disegno:

— Dove ci troviamo?
— Dove sono seduti quei due signori che parlano fra loro?
— Puoi dire com'è vestita la gente?
— Chi è seduto in prima fila?
— Che sta facendo quel signore in fondo fra i due attori?
— A che tipo di spettacolo assistiamo, secondo te?
— Che cosa vedi sulla scena?
— Cerca di descrivere tutto quello che vedi.

....
....

In questo spazio scrivi le parole o le frasi nuove che hai usato:

....
....
....
....

Immagina di essere stato a teatro ieri sera e racconta alla tua amica tutto quello che ricordi: tutto quello che hai visto, le cose che ti sono piaciute, gli amici e conoscenti che hai incontrato...

Il dongiovanni punito

1. *Osserva i disegni*
2. *Descrivi ciò che vedi*
3. *Immagina il dialogo che si svolge in queste scene*
4. *Racconta il fatto*

....
....
....
....
....
....
....
....
....
....
....
....
....
....
....
....

Le elezioni politiche

Esamina la seguente vignetta, descrivi ciò che vedi e poi, con l'aiuto di un compagno di classe, immagina il dialogo che avviene fra i personaggi.

Fra pochi giorni a Caprese ci saranno le elezioni politiche e molti candidati fanno i loro discorsi agli elettori. Anche l'ingegner Mario Rossini si è presentato quest'anno e spera di essere eletto. Il suo programma è abbastanza interessante: promette di costruire molte case nuove a prezzi popolari, scuole per i ragazzi, un nuovo ospedale... Chiede di votare per lui, perché sicuramente farà gli interessi dei cittadini...

Hai mai pensato di fare attività politica? Ecco, se tu adesso dovessi fare un discorso elettorale che cosa diresti? Quale sarebbe il tuo programma? Che cosa prometteresti ai tuoi elettori? Che cosa diresti contro i tuoi avversari? Ecco, se tu adesso dovessi fare un discorso elettorale che cosa diresti?

....

....

Dallo psicanalista

Esamina la seguente vignetta, descrivi ciò che vedi e poi, con l'aiuto di un compagno di classe, immagina il dialogo che avviene fra i personaggi.

Da un po' di tempo Mario non si sente bene; niente di strano, ma non riesce più a dormire come prima, è nervoso, sempre stanco e oggi ha deciso di andare dallo psicanalista. Insieme cercano di trovare le ragioni di questo fastidioso malessere.

Immagina di essere disteso sul divano dello psicanalista e di rispondere alle sue domande: quanti anni ha? È sempre vissuto in questa città? Quando sono cominciati questi disturbi? Ha avuto un'infanzia felice? Andava d'accordo con i suoi genitori? Ha avuto recentemente qualche dispiacere sentimentale? Sente il bisogno di cambiare ambiente?

....

....

La vita si ripete

1. *Osserva i disegni*
2. *Descrivi ciò che vedi*
3. *Immagina il dialogo che si svolge in queste scene*
4. *Racconta il fatto*

Una presentazione

PAOLO: Oh, ecco Mario, l'amico di cui ti ho parlato tante volte; questa è l'occasione buona per presentarvi. Ciao Mario, come va?

MARIO: Bene grazie e tu? È molto che non ci vediamo...

PAOLO: Eh sì, ho avuto parecchio da fare in quest'ultimo periodo. Permetti che ti presenti la mia ragazza...

PAOLA: Ciao!

MARIO: Piacere, Mario; e questo è un mio collega d'ufficio, Gianni.

GIANNI: molto lieto di conoscervi.

PAOLO: Avete fretta? Prendiamo un caffè insieme e facciamo due chiacchiere.

MARIO: Il caffè lo abbiamo preso proprio cinque minuti fa, facciamo due passi...

. . . .

. . . .

PAOLO: Mi ha fatto molto piacere rivederti dopo tanto tempo, Mario. Dobbiamo incontrarci più spesso!

MARIO: Veramente; una di queste sere ti telefono e ci mettiamo d'accordo. Ciao Paola, tanto piacere d'averti conosciuto; a presto!

GIANNI: Arrivederci.

Con l'aiuto di due o tre amici e con la collaborazione dell'insegnante cerca di immaginare una situazione simile, in cui presenti un tuo amico, tua sorella, la tua fidanzata a conoscenti che incontri per caso.

. . . .

. . . .

Una famiglia moderna

1. *Osserva i disegni*
2. *Descrivi ciò che vedi*
3. *Immagina il dialogo che si svolge in queste scene*
4. *Racconta il fatto*

....
....
....
....
....
....
....
....
....
....
....
....
....
....
....

Tifosi allo stadio

Osserva attentamente questo disegno:

— Che fanno i due uomini a destra?
— Che dirà la donna in piedi?
— Che sta facendo quel signore dell'ultima fila?
— Ma che succede a quel signore con la maglia nera in prima fila?
— Puoi descrivere tutto ciò che vedi?

....
....

In questo spazio, scrivi le parole o le frasi nuove che hai usato:

....
....
....
....

Immagina di essere andato allo stadio e di raccontare agli amici quello che hai visto e sentito, quello che è successo di strano, come ha giocato la tua squadra...

Una lezione

1. *Osserva i disegni*
2. *Descrivi ciò che vedi*
3. *Immagina il dialogo che si svolge in queste scene*
4. *Racconta il fatto*

L'auto di seconda mano

Esamina la seguente vignetta, descrivi ciò che vedi e poi, con l'aiuto di un compagno di classe, immagina il dialogo che avviene fra i personaggi.

Per il tuo lavoro ti serve una macchina ma non hai molti soldi e perciò hai deciso di comprarne una di seconda mano; in un autosalone della città hai visto proprio l'occasione che fa per te e adesso ne stai parlando col proprietario.

Chiedi se l'auto che ti interessa ha fatto molti chilometri, se il motore è ancora in buone condizioni o bisogna rifarlo nuovo, se ha mai avuto incidenti, quanto costa l'assicurazione. Chiedi anche al proprietario se puoi pagarla a rate o se devi pagarla in contanti...

....

....

Un incidente d'auto

Esamina la seguente vignetta, descrivi ciò che vedi e poi, con l'aiuto di un compagno di classe, immagina il dialogo che avviene fra i personaggi.

Stai tornando a casa con la tua macchina, la strada fa una leggera curva e tu non vai molto forte, ma improvvisamente ti trovi davanti una macchina ferma: freni subito ma è impossibile evitare l'incidente. Quando scendi a chiedere spiegazioni sei un po' arrabbiato perché hai subíto un bel danno alla macchina!!! D'altronde l'altro si è dovuto fermare perché ha finito la benzina... certo, bisognerà fare la denuncia all'assicurazione!

Chiedi al signore, con cui hai avuto l'incidente: perché si è fermato, che assicurazione ha, se si è fatto male, da quale meccanico è il caso di far aggiustare la macchina...

....

....

Delusione

1. *Osserva i disegni*
2. *Descrivi ciò che vedi*
3. *Immagina il dialogo che si svolge in queste scene*
4. *Racconta il fatto*

Chiedendo un'informazione per strada

— Buongiorno signore; scusi, vorrei un'informazione...
— Dica pure, se posso aiutarla...
— Devo andare alla biblioteca comunale, è lontana da qui?
— È fortunata, non è lontana, può andarci anche a piedi...
— Che strada devo fare?
— Adesso lei vada dritta in questa direzione; alla seconda traversa a destra... (vede dov'è quella macchina rossa?)
— Sì.
— Ecco, alla seconda traversa giri a destra; dopo neanche 300 metri vedrà un grosso portone antico con su scritto «Biblioteca comunale».
— Grazie tante; e scusi, visto che è così gentile, per andare dalla biblioteca comunale a via Manzoni che autobus posso prendere?
— Proprio davanti alla biblioteca c'è la fermata del 99 che la porta in via Manzoni in 15 minuti.
— Grazie di nuovo, lei è stato veramente gentile...

Con la collaborazione dell'insegnante, chiedi a un compagno di classe dov'è l'ospedale, l'ufficio postale, la questura, la stazione e la strada per andarci.

....

....

Questa è la pianta della città di Perugia, con alcune vie, munumenti e i palazzi pubblici più importanti. Osservala attentamente.

Immagina di trovarti in un punto della città e di chiedere come puoi raggiungere da lì, il posto che ti interessa.

Le tasse

1. *Osserva i disegni*
2. *Descrivi ciò che vedi*
3. *Immagina il dialogo che si svolge in queste scene*
4. *Racconta il fatto*

Visite in ospedale

1. *Osserva i disegni*
2. *Descrivi ciò che vedi*
3. *Immagina il dialogo che si svolge in queste scene*
4. *Racconta il fatto*

Collegio per ragazze

Esamina la seguente vignetta, descrivi ciò che vedi e poi, con l'aiuto di un compagno di classe, immagina il dialogo che avviene fra i personaggi.

Siamo in un collegio per ragazze che si distingue per il regolamento particolarmente severo. La direttrice è una signorina che ha dedicato tutta la sua vita alla scuola. Oggi, nel discorso per l'inaugurazione dell'anno scolastico, la direttrice spiega alle ragazze quale sarà la loro vita per tutto l'anno: si studierà la mattina in classe e il pomeriggio in biblioteca, non si potrà restare fuori del collegio dopo le nove di sera, si potrà vedere la televisione o giocare a ping pong o ricamare fino alle nove e mezza. Non si potranno invitare o ricevere uomini, unica eccezione, quando ci saranno le feste. Certo, sarà un po' dura questa vita...

Ecco, tu sei la direttrice: presenta le regole del collegio alle ragazze. (Fai attenzione al tono della voce, calmo ma deciso).

....

....

Il signor Bianchi vende tutto

Esamina la seguente vignetta, descrivi ciò che vedi e poi, con l'aiuto di un compagno di classe immagina il dialogo che avviene fra i personaggi.

I signori Rossi hanno intenzione di comprare una casa in campagna e per questo, siccome hanno poco tempo, hanno incaricato il signor Bianchi. Questi un giorno li avverte di aver trovato ciò che fa al caso loro e li invita a vedere la casa, che non è proprio quello che i signori Rossi si aspettavano; infatti è vecchissima, quasi cadente. Sia dentro che fuori è tutta da rifare: pavimenti, finestre, porte... L'unica cosa veramente bella è la posizione, in mezzo al verde, appena fuori città.

Ecco, immagina di essere il signor Bianchi e di dover convincere i signori Rossi che l'acquisto di questa casa è veramente conveniente, basteranno appena pochi ritocchi...

....

....

Un incontro di boxe

1. *Osserva i disegni*
2. *Descrivi ciò che vedi*
3. *Immagina il dialogo che si svolge in queste scene*
4. *Racconta il fatto*

....
....
....
....
....
....
....
....
....
....
....
....
....
....
....
....

Lettera ad un amico

Un tuo amico ti ha scritto per invitarti a passare a casa sua una settimana di riposo; tu vorresti andarci ma proprio in questi giorni sei molto occupato con il tuo lavoro e non puoi lasciarlo. Allora gli scrivi una lettera in cui gli spieghi la situazione, gli parli del tuo lavoro, lo ringrazi per l'invito, ti scusi e gli prometti di andare a trovarlo appena sarà possibile.

Guarda se ti servono espressioni di questo genere:

— Carissimo..., proprio ieri ho ricevuto...
— Mi dispiace moltissimo ma...
— Ti ringrazio tanto per il tuo gentile invito...
— In questi giorni in ufficio...
— Ti prometto di venire a trovarti...
— Ti abbraccio...

Appuntamento con il parrucchiere

Per questa sera avevi preso un appuntamento col parrucchiere più bravo della città: è carissimo e sta dall'altra parte della città, ma vale la pena fare un sacrificio. Quando sei uscita di casa non c'erano autobus a causa di uno sciopero; sei andata a cercare un taxi, ma in quel momento non ce n'era nessuno. Intanto il tempo è passato e hai perso l'appuntamento; così ora telefoni al parrucchiere per avvertirlo: lo trovi piuttosto seccato, ti ha aspettato fino adesso. Cerca di spiegargli che non è stata colpa tua e chiedigli un altro appuntamento per domani...

Ti servono espressioni di questo genere?

— Parlo col signor Paolo? Sono la signora Bianchi; mi dispiace per l'appuntamento di stasera, ma...
— Non c'erano autobus per...
— Non sono riuscita a trovare un taxi...
— Alla fine...
— Senta, posso venire domani...

L'invenzione della ruota

1. *Osserva i disegni*
2. *Descrivi ciò che vedi*
3. *Immagina il dialogo che si svolge in queste scene*
4. *Racconta il fatto*

....
....
....
....
....
....
....
....
....
....
....
....
....
....
....
....
....

Dal medico

LUCIO: Buongiorno signorina, c'è il dottore?
SEGRETARIA: Sì ma è occupato; lei ha l'appuntamento per oggi?
LUCIO: No, ma mi sento così male che sono venuto lo stesso...
SEGRETARIA: Bene, allora aspetti qui... oh, signora Bianchi, ha fatto?
LA SIGNORA BIANCHI: sì, grazie; quant'è?
SEGRETARIA: Il solito, grazie! (*Rivolta a Lucio*) Ecco, il dottore è libero, entri pure!
LUCIO: Buongiorno dottore!
DOTTORE: Buongiorno; allora sentiamo che cosa le succede.
LUCIO: Mah, ieri sono andato in piscina a fare una nuotata, l'acqua non era molto calda e ho preso freddo... mi è venuto subito un forte mal di stomaco e come se non bastasse, questa mattina mi sono svegliato con una tosse e un raffreddore che non posso neanche respirare... credo di avere anche un po' di febbre...
DOTTORE: Vediamo... si spogli... respiri profondamente... le fa male qui? e qui?
LUCIO: Sono grave dottore? mi risponda, mi dica la verità...
DOTTORE: Stia tranquillo, lei è stato solo un po' imprudente ma non è niente di grave (*il dottore scrive la ricetta*). Le pillole sono per il mal di stomaco, ne prenda una ogni sei ore per una settimana; per la tosse compri questo sciroppo, vedrà che le farà bene: ne prenda un cucchiaio dopo pranzo e uno dopo cena. Comunque se vuole che la tosse finisca, smetta di fumare e stia al caldo. Se qualcosa non va, mi telefoni... e la prossima volta, non faccia il bagno con l'acqua fredda dopo aver mangiato parecchio...
LUCIO: Grazie dottore; adesso sono più tranquillo.
SEGRETARIA: Allora, tutto bene?
LUCIO: Sì, sì, non è niente, quanto le devo?
SEGRETARIA: 30.000 lire, grazie! Vuole la ricevuta?
LUCIO: Sì grazie; certo che questo dottore è veramente molto... bravo!

Può succedere a tutti di aver bisogno del dottore, del dentista, dell'oculista, per un improvviso disturbo; se tu avessi bisogno di andare da un medico, come faresti? Puoi ricostruire questa situazione con i tuoi amici di scuola?

....

....

Una canzone troppo lunga

1. *Osserva i disegni*
2. *Descrivi ciò che vedi*
3. *Immagina il dialogo che si svolge in queste scene*
4. *Racconta il fatto*

. . . .
. . . .
. . . .
. . . .
. . . .
. . . .
. . . .
. . . .
. . . .
. . . .
. . . .
. . . .
. . . .
. . . .

Un matrimonio mancato

1. *Osserva i disegni*
2. *Descrivi ciò che vedi*
3. *Immagina il dialogo che si svolge in queste scene*
4. *Racconta il fatto*

. . . .
. . . .
. . . .
. . . .
. . . .
. . . .
. . . .
. . . .
. . . .
. . . .
. . . .
. . . .
. . . .
. . . .

Donna Clara, alla TV, insegna a preparare un dolce

DONNA CLARA: Care amiche, buonasera; allora com'è andato il dolce di ieri sera? Vostro marito è stato contento? Questa sera vi insegnerò un altro dolce segreto per *prendere vostro marito per la gola* e precisamente la torta Margherita; siete pronte con carta e penna?... bene... preparate 150 grammi di farina di grano, 150 grammi di farina di patate, 250 grammi di zucchero, 10 rossi d'uovo, 6 uova intere, 100 grammi di burro e un limone. Mettete i rossi dell'uovo in un piatto abbastanza capace, aggiungete lo zucchero e il burro e lavorate il tutto con un cucchiaio di legno per venti minuti buoni. Unite poi gradatamente la farina di grano e quella di patate, aggiungete il succo di un limone e le chiare d'uovo che avrete montato a neve in un piatto a parte, con una forchetta.
Adesso prendete un piatto da forno, imburratelo, infarinatelo bene, versateci tutto l'impasto e passatelo nel forno caldo per mezz'ora circa.
Vedrete che questo dolce sarà squisito, mie care amiche; preparatelo per vostro marito e vedrete quanto ne mangerà; ma voi amiche mie mangiatene poco, pensate alla vostra linea e ricordate che gli uomini preferiscono le magre...!

Certamente anche tu avrai cucinato qualche volta un piatto particolarmente buono, tipico della tua regione o che si mangia spesso a casa tua. Puoi darcene la ricetta?

. . . .

. . . .

Musica a volontà

1. *Osserva i disegni*
2. *Descrivi ciò che vedi*
3. *Immagina il dialogo che si svolge in queste scene*
4. *Racconta il fatto*

Parla di un film

Negli ultimi tempi sicuramente hai visto un film che ti è piaciuto, al cinema o alla televisione. Noi non l'abbiamo visto ma siamo curiosi di sapere di che cosa parla, chi sono gli attori, come comincia, com'è la storia; prova a raccontarci questo film che ti è sembrato particolarmente interessante...

Per cominciare ti servono espressioni di questo genere?
— È un film giallo / romantico / impegnato / comico / di spionaggio / sul problema del... / che parla di...
— Il regista è...
— Gli attori principali...
— La fotografia e le scene sono...
— È stato interessante perché...

Un furto

Abiti al primo piano in un palazzo del centro; al piano di sopra abita un famoso avvocato che ha l'*hobby* di collezionare quadri d'autore. Ieri è uscito e mentre era fuori, i ladri sono penetrati in casa sua da una finestra, sono andati nel soggiorno e hanno portato via parecchi quadri, fra cui due tele di Cascella che valgono parecchio. Adesso la polizia sta interrogando tutti quelli del palazzo e vuole sapere a che ora si sono alzati, che hanno fatto ieri mattina, se hanno sentito dei rumori, se hanno visto qualcuno... adesso tocca a te rispondere...

Prova a ricostruire questo interrogatorio anche con l'aiuto di un compagno e guarda se ti servono espressioni di questo genere:
— Guardi, commissario, ieri mattina io...
— Verso le tre del pomeriggio ho sentito...
— Più tardi...
— Mi dispiace ma non...

62

La vendetta
dell'impiegato

1. *Osserva i disegni*
2. *Descrivi ciò che vedi*
3. *Immagina il dialogo che si svolge in queste scene*
4. *Racconta il fatto*

....
....
....
....
....
....
....
....
....
....
....
....
....
....
....

Lettera ai genitori

Tu ti trovi in questa città per studiare; i tuoi genitori non la conoscono, non ci sono mai venuti. Per telefono ti chiedono sempre com'è, sperano di venirci durante le prossime vacanze. Ora prendi carta e penna e scrivi loro una bella lettera con tutte le informazioni e curiosità che ti vengono in mente. Racconta loro anche che vita fai all'università e con gli amici, com'è la gente qui, le conoscenze che hai fatto, le difficoltà che hai incontrato. E naturalmente invitali a venire a trovarti presto!

Guarda se ti servono queste espressioni:

— Miei cari, scusate il ritardo con cui vi scrivo, ma i primi giorni...
— Adesso che conosco questa città vi confesso che...
— Certo ho un po' di nostalgia di...
— Quando verrete a trovarmi vi farò vedere...

Vacanze

Sei stata in vacanza al mare (o in montagna) e sei tornata molto riposata. Al mare (o in montagna) sei stata benissimo, hai fatto molto sport, molte passeggiate, ti sei divertita, hai comprato delle cose carine dagli artigiani del luogo. Oggi, al tuo ritorno in città, hai incontrato la tua amica Paola e le racconti delle tue vacanze, dove sei stata, che cosa hai fatto, che cosa hai visto, che facevi la sera, quanti giorni sei stata fuori, come hai fatto il viaggio...

Guarda se ti servono queste espressioni:

— Ho preso un po' di giorni di ferie e...
— Sono partita il...
— Ho fatto un viaggio...
— Tutti i pomeriggi...
— Ho riportato...

In vacanza

ALDO: Ehi, ragazzi! Abbiamo sette giorni di vacanza tondi tondi, vogliamo organizzare qualcosa e partire insieme?

PAOLO: Io ci sto; naturalmente andiamo al mare, no?

ALDO: Sì, sì; io conosco un albergo moderno a Riccione, dove si mangia benissimo e non si spende tanto. Per una pensione completa so che ci vogliono 15.000 lire al giorno!

FRANCESCA: Ma che dite, state scherzando, naturalmente! Se ci fermiamo sette giorni, andiamo in un camping con la tenda: niente orari, tutto il giorno in spiaggia, cuciniamo all'aperto, completamente liberi; ci servono solo due costumi da bagno.

PAOLO: L'importante è trovarne uno con molti alberi e molta ombra; so che al sud ce ne sono alcuni bellissimi in mezzo agli olivi...

RITA: Se andate in un camping, io non ci vengo: ho paura degli insetti e non mi piace dormire in tenda!

SANDRO: Ma sentite! Visto che qui è tanto caldo, perché non andiamo in montagna? Facciamo delle belle camminate, possiamo prendere il sole lo stesso e ritorniamo più freschi e riposati!

FRANCESCA: No, no, così è impossibile decidere! Chi vuole andare al mare, chi ai monti, chi vuole andare in un camping e chi al Gran Hôtel... Forse io ho la soluzione che può soddisfare tutti. In Calabria ci sono dei camping in collina, dove si affittano anche dei bungalows: la spiaggia è vicinissima, a cinque minuti di strada a piedi; che ne dite?

Durante il fine settimana non ci sono lezioni; perché non organizzi una gita in qualche città vicina? Prova a proporlo a qualche amico.

. . . .

. . . .

. . . .

Pesca al fiume

1. *Osserva i disegni*
2. *Descrivi ciò che vedi*
3. *Immagina il dialogo che si svolge in queste scene*
4. *Racconta il fatto*

65

Pensando alla cena

(dialogo da completare)

Il cane Bobi, il gatto Fufi, un marito, una moglie:

BOBI: Ciao Fufi, posso parlarti?

FUFI: fffffh... che vuoi? Sta' lontano da me! Ancora mi fa male la schiena per la corsa che mi hai fatto fare ieri... va' via, se no ti graffio...

BOBI: Sta' buono, ho un'idea, ascolta. La padrona ha comprato un bel pezzo di carne e l'ha dimenticato sopra il frigorifero; adesso che lei è uscita un attimo, possiamo andare a prenderlo...

FUFI: Non ne voglio sapere niente, ho già mangiato, grazie! E poi, vicino a te c'è sempre odore di guai.

BOBI: Senti, facciamo la pace; adesso io ho bisogno di te e tu hai bisogno di me. Tu che sei svelto e agile, salti sul frigorifero e con la zampa spingi giù la carne, io la prendo e la porto fuori. Poi ti aspetto dietro il garage e dividiamo a metà...

FUFI: Lo sapevo che volevi imbrogliarmi... Chi mi assicura che mi aspetti lì dietro?

BOBI: Ti do la mia parola che ....
....

FUFI: ....
....

In cucina (Fufi sopra il frigo, Bobi che aspetta)

BOBI: Dài, butta giù ....
....

FUFI: Aspetta un momento ....
....

      Ecco, ...

BOBI: Ahi! ....

FUFI: ....

BOBI: Sta' sicuro ....

Dietro al garage

FUFI: Dài, scarta, svelto, ho una fame! ....

BOBI: Ma non avevi detto che ....
....

FUFI: ....

BOBI: ...... ma questa non è carne, sono carote! ....
      Ma che hai al posto del naso? ....
....

FUFI: ....

BOBI: No, ormai è troppo tardi, hai rovinato tutto ....
....

In cucina, la moglie al marito

LEI: Caro, hai visto dove ho messo le carote? ....
....

LUI: ....

LEI: Certo, sarà come dici tu, le avrò dimenticate; eppure ....
....

Competizione

1. *Osserva i disegni*
2. *Descrivi ciò che vedi*
3. *Immagina il dialogo che si svolge in queste scene*
4. *Racconta il fatto*

....
....
....
....
....
....
....
....
....
....
....
....
....
....
....
....

Perugia, ieri e...

— *Osserva attentamente le due foto che ritraggono, a distanza di anni, lo stesso posto.*
— *Che cosa è cambiato?*
— *Com'era una volta?*
— *Com'è ora?*
— *Che cosa c'era che adesso non c'è più?*
— *Puoi capire dalle fotografie se è cambiato anche il modo di vivere?*

... oggi

Grandi pulizie

(dialogo da completare)

Una signora, un venditore, il marito della signora:

VENDITORE: C'è nessuno in casa? Buongiorno, signora; disturbo? Ha un momento da de-
dicarmi?

SIGNORA: Buongiorno, che desidera? Guardi che non posso comprare niente, abbiamo
avuto tante spese ultimamente... la mia pelliccia, la macchina nuova...

VENDITORE: Ma cara signora, lei non sa neanche che cosa vendo... Spazzole, aspirapolvere
per tende, tappeti, moquettes, poltrone... Con questi oggetti in casa, lei avrà
più tempo libero per uscire, per andare dal parrucchiere, dalla sarta...

SIGNORA: Lei dice? Mi faccia vedere... questo come funziona?

VENDITORE: È una spazzola automatica; lei l'appoggia su un angolo del tappeto e ....

SIGNORA: ....
....

VENDITORE: No, non solo per i tappeti; serve anche per le tende; basta ....
....

SIGNORA: ....
....

VENDITORE: Questa è una lucidatrice per ogni tipo di pavimento. Prima lava il pavimento,
poi ....
.... fa tutto da sé.

SIGNORA: ....
....

VENDITORE: Non c'è un pavimento impossibile per questa lucidatrice; aspetti che glielo
dimostro ....

SIGNORA: Scusi, ...

VENDITORE: Lei faccia pure; io fra quindici minuti ....
....

SIGNORA: ....
....

VENDITORE: Beh, sì, sono un po' stanco; abbiamo già pulito le tende, il tappeto, questo
vecchio pavimento ....
....

SIGNORA: ....

VENDITORE: Per le poltrone e i divani ho questa piccola spazzola automatica come le altre; lei l'appoggia qui e ....
....

SIGNORA: Ma non so, sono indecisa; costano molto? ....
....

VENDITORE: Non si preoccupi ....
....

SIGNORA: Sì, ma vede ....

....

VENDITORE: Ma come! ....

....

Il marito ritorna a casa

LUI: Che casa in ordine! E che profumo di pulito! Sarai stanca ....

....

LEI: Oh, no caro ....

....

Confronto

1. *Osserva i disegni*
2. *Descrivi ciò che vedi*
3. *Immagina il dialogo che si svolge in queste scene*
4. *Racconta il fatto*

Da un bicchier di vino

(dialogo da completare)

Un contadino, la moglie, una donna, un amico.

LA MOGLIE: Mi raccomando, quando hai finito il mercato torna subito a casa, non fermarti a bere nelle osterie, capito?

IL CONTADINO: Uffah, sempre la solita musica! Va bene, va bene; e poi lo sai che non bevo mai, mi fa male...
                (*Al mercato*) Guardi che mele, signora! Quante ne vuole? Le interessano le uova? Sono fresche di giornata; vuole un po' d'insalata? è freschissima e saporita...

LA DONNA: ....

IL CONTADINO: Tutto viene 8.550 lire; e ritorni a trovarmi anche la prossima settimana!

L'AMICO: Allora hai finito? Torni subito a casa?

IL CONTADINO: ....

L'AMICO: Ma prima di tornare a casa voglio offrirti un bicchiere di vino; vieni, facciamo subito!

IL CONTADINO: No, no, mia moglie ....
                ....

L'AMICO: Lascia perdere tua moglie ....
                ....

IL CONTADINO: Va bene, ma ....

L'AMICO: Senti, ti ricordi quando ....

IL CONTADINO: Ah, ah! E dopo noi ....
                ....

L'AMICO: Ehi, un'altra bottiglia! ....

IL CONTADINO: Ma stavolta pago io!

L'AMICO: ....
                ....

IL CONTADINO: ....
                ....

A casa

LA MOGLIE: Com'è andato il mercato? Hai venduto tutto?

IL CONTADINO: ....
                ....

LA MOGLIE: E dove hai messo ....
                ....

IL CONTADINO: ....
                ....

LA MOGLIE: Dalla prossima settimana ....
                ....

L'arredamento

L'avvocato per il quale lavori è un appassionato d'arte e ultimamente ha comprato un altro quadro. Questa mattina, quando entri nel suo studio, te lo fa vedere e ti chiede che ne pensi.

— So che anche lei si interessa di pittura! Che ne dice di questo quadro?
— Vede, a me piace la pittura astratta; di questo genere non mi intendo molto.
— Vorrebbe dire forse che non le piace? Ma lo sa che è un Cinelli?
— No, non dico che non è bello, ma i ritratti non mi piacciono molto...
— Ma questo è molto bello! Guardi che colori, che linee...
— Sì, forse, a guardarlo meglio...

Una tua amica ha comprato un quadro nuovo per il soggiorno e ti invita a vederlo.

— Beh, allora che ne dici?
— Senti, devo essere sincera, questo non è il genere che piace a me...
— Ma guarda che è un quadro di Cinelli; lo sai che adesso va per la maggiore?
— Sì, ma non capisco perché hai scelto un ritratto; non era meglio un paesaggio o forse un dipinto astratto?
— Con quello che l'ho pagato, vieni a dirmi che non è bello?
— Non ti dico che è brutto, dico solo che per me un quadro così, non ha significato...

Tua suocera, che non s'intende per niente di pittura, ha comprato un quadro dal pittore più famoso della città.

— Voglio farti vedere il mio ultimo acquisto, ti piace?
— Beh, non è il genere che piace a me, ma non è brutto.
— Insomma, ti piace o no? Secondo me è un ritratto bellissimo! Sai che ne ha comprato uno anche la moglie del Sindaco?
— Non posso dire che mi piace. Lei sa che io preferisco la pittura moderna. Nel suo genere forse non è male... e poi è una questione di gusti: se piace a lei...

Immagina un dialogo in cui manifesti il tuo disaccordo.

— Al tuo datore di lavoro, che ha cambiato l'arredamento del suo studio e ha scelto dei mobili antichi (tu preferisci il moderno).
— Alla tua amica che ha cambiato l'arredamento del soggiorno (il tuo gusto è molto diverso dal suo).
— A tua suocera che ha comprato dei mobili antichi al posto di quelli moderni, bellissimi, che aveva prima.

In treno

(dialogo da completare)

Una famosa scrittrice, un anonimo viaggiatore.

SCRITTRICE: Scusi, quel posto è libero?

VIAGGIATORE: Sì, si accomodi pure (*aiuta la signora a sistemare le valigie*).

SCRITTRICE: ... Ecco fatto, grazie, è stato veramente gentile ad aiutarmi a sistemare le valige!

VIAGGIATORE: Le pare! Piuttosto mi scusi, ma mi sembra di averla già vista da qualche parte, è possibile?

SCRITTRICE: No, non credo che ci conosciamo, mi dispiace...

VIAGGIATORE: Eppure la sua faccia non mi è nuova, aspetti... ma lei non è la famosa scrittrice Maria Bellini, che si occupa particolarmente dei ....
....

SCRITTRICE: Sì, sono io; ....

VIAGGIATORE: Ha visto che l'ho riconosciuta? Certo che il suo lavoro è molto interessante

SCRITTRICE: ....

VIAGGIATORE: ....

SCRITTRICE: ....

VIAGGIATORE: ....

SCRITTRICE: ....

VIAGGIATORE: ....

SCRITTRICE: ....

VIAGGIATORE: ....

SCRITTRICE: ....

VIAGGIATORE: ....

SCRITTRICE: ....

VIAGGIATORE: ....

SCRITTRICE: ....

La macchina nuova

Hai prestato la macchina nuova alla moglie del tuo medico, ma purtroppo lei ha avuto un lieve incidente.

— Signor Rossini, non so proprio come dirglielo, ma ho avuto un piccolo incidente in centro.
— E come è successo?
— Mi sono distratta un momento e non ho visto la macchina che avevo davanti!
— Il danno è grave?
— Beh, il davanti è un po' rovinato, ma non si preoccupi, la faccio accomodare dal mio carrozziere...
— Ma vede, è una macchina nuova, l'ho ritirata appena 10 giorni fa. Certo bisogna stare attenti quando si guida, comunque pazienza!

Questa sera non hai potuto dire di no a tuo fratello e gli hai prestato la nuova macchina. Sfortuna vuole che lui abbia un incidente.

— Senti, non ti arrabbiare ma ho avuto un piccolo incidente con la tua macchina...
— Ecco, lo sapevo! Lo sapevo! Facevo meglio a non prestartela!
— Ma guarda che il danno non è grave...
— Ma dove guardi quando guidi? A che pensi? Sei sempre il solito...
— Ormai è inutile fare tante scene, la farò aggiustare io...

Una tua collega d'ufficio ti chiede la macchina per 5 minuti e tu gliela presti a malincuore anche perché è nuova. Per sfortuna succede un incidente...

— Senti Maria, mi dispiace ma ho fatto un piccolo danno alla macchina...
— Accidenti! E come hai fatto?
— Ho tamponato in centro.
— Mi dispiace perché la macchina è nuova e poi io ci sto tanto attenta, ci tengo tanto...
— Comunque stai tranquilla che te la faccio aggiustare io!
— Va bene, ma non potevi stare più attenta?

Hai tre situazioni in cui il disappunto si manifesta in modi diversi. Se succedesse a te di prestare: la tua motocicletta nuova, un libro d'arte, una cinepresa, una valigia di pelle:

— a un amico di tuo padre che conosci poco;
— a un tuo compagno di scuola;
— al fidanzato di tua sorella

quale dialogo immagini che si svolgerebbe fra te e loro se ti riportano l'oggetto danneggiato?

Richieste sindacali

(dialogo da completare)

Il contadino entra nella stalla come tutte le mattine, per prendere l'asino e portarlo in collina a lavorare. Ma una grossa novità lo attende oggi: l'asino si è messo a parlare e non intende più subire la volontà del padrone.

CONTADINO: Eccomi qui, bello mio; adesso ti sciolgo e andiamo in collina; oggi c'è da riportare alla fattoria tutta l'erba che ho tagliato ieri.

ASINO: Mi dispiace, ma io non ci vengo!

CONTADINO: (*con la bocca spalancata per la meraviglia*)... Come sarebbe a dire che non vieni? ....

ASINO: Sono stanco e poi ....
....

CONTADINO: Ma io ti ho sempre dato da mangiare, da bere, ...
....

ASINO: Io mi ricordo che mi hai sempre tenuto legato, che mi hai ....
....
....

CONTADINO: Ma insomma, che cosa volevi? Ricordati che sei un asino e ....
....
....

ASINO: Ah, prendi il bastone adesso? ....
....
....

CONTADINO: Un avvocato! ....
....
....

ASINO: ....
....
....

CONTADINO: Ma tu sei pazzo, io non ce la faccio a tirare il carro con l'erba sopra! Sono vecchio ....
....

ASINO: ....
....

CONTADINO: Senti, dimmi che cosa vuoi, cerchiamo di metterci d'accordo ....
....

ASINO: ....
....

Uno spiacevole incidente

Maria è a cena in casa del capufficio di suo marito. Ad un tratto, distrattamente, lascia cadere un prezioso e raro bicchiere di cristallo. Lei, timida e in condizione di inferiorità nei confronti della padrona di casa che incontra per la prima volta, è molto dispiaciuta e mortificata.

— Oh, ma come ho fatto a farlo cadere...
— Pazienza, sono cose che capitano!
— Sono proprio mortificata! Posso sapere dove ha comprato questi bicchieri?
— Oh, è un vecchio servizio di famiglia, non si trovano più!
— È sicura? Proverò in qualche bottega d'antiquariato.

Maria è a cena dalla sua cara amica Paola. Improvvisamente, per un gesto incontrollato, Maria lascia cadere il bicchiere.

— Oh, come mi dispiace, sono proprio sbadata!
— Non ti preoccupare, non è niente!
— Dove li hai comprati?
— Figurati! Li ho presi in un grande magazzino!
— Beh, te lo ricompro.
— Ma scherzi? Quando vado in centro, li ricompro io. Con questo ne avrò rotti sette o otto...

Adesso Maria è al bar.

— Cameriere, un tè al limone!
— Subito!
— (*Il bicchiere è scivolato dalle mani di Maria*) Oh, che sbadata! Come mi dispiace!
— Non è niente, rifacciamo subito un altro tè.
— Grazie... Quant'è? Il bicchiere lo devo pagare?
— No, no, lasci. Sa, in un bar si romperanno 10 bicchieri al giorno!

Hai assistito a tre situazioni diverse in cui i personaggi esprimono rammarico e dispiacere per quello che hanno fatto. Adesso tocca a te: immagina un dialogo nelle seguenti situazioni:

— Durante una cena in casa di gente importante, versi un bicchiere di vino sul bellissimo vestito della padrona di casa. Come esprimeresti il tuo dispiacere?
— A cena in casa di amici versi involontariamente un bicchiere di vino sulla gonna di una tua amica. Come ti scusi con lei?
— Al ristorante, mentre torni al tuo tavolo, fai cadere inavvertitamente dalle mani del cameriere, una bottiglia di vino. Che cosa gli dici?

Il navigatore solitario

(dialogo da completare)

Lavori come giornalista in una televisione privata e questa sera hai come ospite nella tua trasmissione il famoso navigatore solitario che è appena tornato da un giro in barca intorno al mondo, durante il quale è restato per mesi fra cielo e mare nella solitudine più completa, ha affrontato i pericoli più diversi...

GIORNALISTA: Quando è cominciato questo suo interesse per il mare?
NAVIGATORE: ....
....

GIORNALISTA: Come passava le giornate a bordo della sua barca?
NAVIGATORE: ....
....
....

GIORNALISTA: Durante queste tempeste, ha mai pensato di morire?
NAVIGATORE: ....
....
....

GIORNALISTA: I suoi figli e sua moglie che cosa pensano di questa sua passione?
NAVIGATORE: ....
....

GIORNALISTA: Qual è il problema più grosso per chi affronta un'avventura del genere?
NAVIGATORE: ....
....

GIORNALISTA: Pensa di ripartire ancora?
NAVIGATORE: ....
....
....

GIORNALISTA: E quale sarà il suo itinerario questa volta?
NAVIGATORE: ....
GIORNALISTA: ....
NAVIGATORE: ....
GIORNALISTA: ....
NAVIGATORE: ....
GIORNALISTA: ....

Corso Vannucci (Perugia), ieri e ...

— *Osserva attentamente le due foto che ritraggono, a distanza di anni, lo stesso posto.*
— *Che cosa è cambiato?*
— *Com'era una volta?*
— *Com'è ora?*
— *Che cosa c'era che adesso non c'è più?*
— *Puoi capire dalle fotografie se è cambiato anche il modo di vivere?*

... oggi

Assisi, ieri e ...

— *Osserva attentamente le due foto che ritraggono, a distanza di anni, lo stesso posto.*
— *Che cosa è cambiato?*
— *Com'era una volta?*
— *Com'è ora?*
— *Che cosa c'era che adesso non c'è più?*
— *Puoi capire dalle fotografie se è cambiato anche il modo di vivere?*

... oggi

Scrivi una lettera

Il signor Paolo Bianchi è il direttore di un'agenzia di viaggi e per il prossimo capodanno ha programmato una «settimana bianca» a Cortina d'Ampezzo. Con questa lettera avverte i clienti dell'iniziativa presa e delle condizioni per partecipare.

Durante un soggiorno a Firenze per motivi di lavoro, Mario Rossi è stato invitato a cena dall'ingegner Bianchi. Tornato a casa, gli scrive per ringraziarlo della sua ospitalità.

Perugia 15 ottobre '79

Gent.mo signore,

Le comunichiamo che la nostra Agenzia ha organizzato, in occasione delle feste di fine anno, una «settimana bianca» a Cortina d'Ampezzo.
Abbiamo prenotato camere singole e a due letti in un albergo di I categoria. Il prezzo della «settimana bianca» è stato fissato in L. ... e comprende il viaggio e la pensione completa (escluse le bevande e il maestro di sci).
Fiduciosi di aver interpretato ancora una volta i desideri della nostra clientela, porgiamo distinti saluti.

Il direttore

Palermo 2 dic.

Carissimo ingegnere,

Come sta? Spero bene. Il mio soggiorno a Firenze è stato molto utile per il mio lavoro e prezioso è stato il suo aiuto. Ricordo la piacevole serata passata in casa sua e la squisita ospitalità di sua moglie. Avete in programma di venire in Sicilia in estate? Spero di sì, per poter contraccambiare, almeno in parte, la vostra cortesia. Mi informi se deciderà di venire. Porga i miei più distinti saluti alla signora e a lei ancora grazie e arrivederla.

Maria è una studentessa del secondo anno di psicologia a Roma e scrive una lettera a una cera amica rimasta nel paese, vicino a Perugia.

Carissima Maria,
finalmente ho un po' di tempo per scriverti. In questi giorni ho dovuto cambiare appartamento e non ti dico quanto sono stata occupata. Sai che trovare una casa adesso, è un problema... Quando vieni a trovarmi? Alla fine del mese c'è un concerto di Bennato al Gianicolo, se vieni, ci andiamo insieme. Ti aspetto. Questo è il mio nuovo indirizzo...
Scrivimi presto e fammi sapere che programmi hai. Ti abbraccio.

Hai letto tre lettere di tono diverso: una commerciale, una formale e una del tutto informale, fra amiche. Se ti trovassi nella necessità di scrivere:

— a un cliente della ditta, per la quale lavori, per comunicargli che avete cambiato indirizzo;
— a un professore che durante il tuo soggiorno a Perugia ti è stato di particolare aiuto, per ringraziarlo della sua gentilezza;
— a un tuo caro amico, che adesso è lontano per motivi di studio.

Che lettere scriveresti?

Il neo-diplomato

(dialogo da completare)

Sei un ragazzo da poco diplomato presso il Liceo Linguistico e stai cercando il tuo primo impiego; pochi giorni fa hai letto sugli annunci pubblicitari che una grossa ditta del luogo assumerà due nuovi impiegati e oggi il direttore esamina tutti coloro che si sono presentati, per scegliere poi i due fortunati... Ecco, tocca a te...

TU: Buongiorno.
DIRETTORE: Buongiorno, il suo nome, prego?
TU: ....
DIRETTORE: Si sieda e stia tranquillo ....
             ....
TU: Grazie, ma ....
             ....
DIRETTORE: È normale; mi dica, dove ha studiato? ....
TU: ....
             ....
DIRETTORE: E che lingue parla?
TU: ....
             ....
             ....
DIRETTORE: Ah sì? E dove ha studiato all'estero?
TU: ....
             ....
DIRETTORE: Come mai ha scelto lo studio delle lingue straniere? Le piaceva o glielo hanno
             consigliato i suoi genitori?
TU: ....
             ....
             ....
DIRETTORE: Lei sa certamente che la nostra ditta ha rapporti commerciali con ditte stra-
             niere; lei pensa di poter curare la corrispondenza e nel caso di visite all'e-
             stero, di poter fare da interprete?
TU: ....
             ....
DIRETTORE: Mi piace la sua chiarezza ....
             ....
             Mi parli un po' di lei, adesso.
TU: ....
DIRETTORE: ....
TU: ....
DIRETTORE: ....
TU: ....
DIRETTORE: ....

Leggi con attenzione questo articolo di giornale, cerca nel dizionario tutte le parole che non conosci e osserva le strutture nuove.

Al 37° corso di studi cristiani ad Assisi

Discutono del bambino, questo sconosciuto

«Il tema che il convegno ci propone coincide con il tema dell'anno, il bambino. In questa sede siamo chiamati a esaminare se la nostra società è «sterile», cioè se accoglie o no il bambino. E la risposta sembra ancora quella già registrata dal Vangelo duemila anni fa: non c'era posto per loro». Nel dibattito se il bambino è stato cancellato o meno dal tessuto sociale della civiltà contemporanea e sulle conseguenze di questo fatto nel futuro stesso dell'umanità, interverranno in mattinata il sociologo Sabino Acquaviva dell'Università di Padova e il filosofo Italo Mancini dell'Università d'Urbino. Il programma del corso di studi comprende anche relazioni, dibattiti su temi «caldi» di attualità come il rapporto tra il bambino e la coppia e la donna nuova.

Di che cosa parla questo articolo?

....
....
....
....
....
....
....
....
....

— Dove si è discusso del bambino?
— Che cosa voleva dimostrare questo convegno?
— Come vive il bambino nella società moderna?
— L'educazione del bambino è cambiata negli ultimi tempi?
— Nel tuo Paese ci sono delle organizzazioni che studiano i problemi del bambino?
— Come si educano i bambini, nel tuo Paese?
— Quali sono i maggiori problemi per i bambini?

....
....

Se tu dovessi scrivere un articolo per un giornale, sui problemi che riguardano l'educazione e la crescita del bambino, che cosa scriveresti?

Piccola storia d'amore

(dialogo da completare)

Due ragazzi, Paolo e Maria, si sono conosciuti al mare in un piccolo paese delle Puglie: lui c'è andato in vacanza, lei invece ci vive abitualmente con tutta la famiglia. Dopo un'indimenticabile estate passata insieme, è giunto il momento di separarsi: Paolo deve tornare a Milano per riprendere gli studi, Maria resta al paese. Certo la lontananza non cambierà questo grande amore e appena possibile, i due cercheranno di incontrarsi. L'anno prossimo, poi, passeranno l'estate di nuovo insieme. Adesso sono alla stazione ad aspettare quel treno grigio che porterà via Paolo: è il momento delle promesse e delle lacrime...

MARIA: Ecco, sono sicura che appena salirai sul treno, ti dimenticherai di me...
PAOLO: Che dici, sciocchina, lo sai che non è vero; vuoi sentirtelo ripetere ancora una volta che non ti dimenticherò mai?
MARIA: Ma Milano è così lontana! Mi prometti che mi scriverai tutte le settimane?
PAOLO: Non solo ti scriverò, ma ti telefonerò spesso, perché voglio sentire la tua voce...
MARIA: Per Natale ....
PAOLO: ....
MARIA: ....
PAOLO: ....
MARIA: ....
PAOLO: ....
MARIA: ....
PAOLO: ....
MARIA: ....
PAOLO: ....

Congratulazioni!!

I signori che abitano al piano di sopra hanno avuto un bambino. Quando li incontri per le scale, gli fai gli auguri.

— Buongiorno, signora.
— Oh buongiorno! Ho saputo che avete avuto un bel bambino; felicitazioni vivissime!
— Grazie, lei è molto gentile...
— Sta bene? Cresce bene?
— Sì, grazie, è un bambino robusto e tranquillo.
— Come lo avete chiamato?
— Pietro, come il nonno.
— Sono proprio felice per voi; vi faccio di nuovo tanti, tanti auguri.

La tua amica ha avuto proprio in questi giorni un bambino e tu vai a trovarla a casa.

— Ciao, Rita, come va?
— Bene, grazie!
— E il bambino? Posso vederlo?
— Adesso dorme... eccolo... non svegliarlo!
— È veramente un bel bambino, complimenti!
— Soprattutto è un bambino tranquillo, mangia e dorme senza problemi.
— Io ti ho portato questo pigiamino per lui... ti piace?
— Grazie, è molto carino!

La figlia della tua collega d'ufficio ha avuto una coppia di gemelli e tu fai gli auguri alla nonna.

— Ho saputo che è diventata nonna di una coppia di gemelli.
— Eh, sì, sono tanto belli, ma sono due e mia figlia è così giovane e inesperta!
— Beh certo, seguire due bambini piccoli non è facile; comunque stanno bene?
— Sì, grazie.
— L'importante è questo. Per il resto, vedrà che sua figlia sarà una bravissima mamma. Tanti auguri e me la saluti!

La laurea è sempre un traguardo importante per un giovane. Immagina di complimentarti:

— con l'ingegner Verdi, il cui figlio si è laureato in una famosa università americana;
— con il tuo fidanzato che si è laureato in medicina;
— con un ragazzo che abita vicino a te e che ha, in questi giorni, conseguito la laurea in ingegneria.

Leggi con attenzione questo articolo di giornale, cerca nel dizionario le parole che non conosci e osserva le strutture nuove.

I treni superaffollati

■ Ci risiamo. Ogni anno la solita storia. I viaggi in treno avvengono al limite dell'impossibile. Infatti le carrozze sono stracolme e molte persone addirittura svengono per colpa del caldo e del superaffollamento. Perché le Ferrovie dello Stato non dispongono di un numero maggiore di treni straordinari? Ormai è un fatto certo: la gente va in treno per l'esodo e per il rientro, quindi bisogna mettere a disposizione degli utenti ciò che loro chiedono. È assurdo che un cittadino, munito di un regolare biglietto che ha regolarmente pagato, sia costretto a stare in piedi da Roma a Reggio Calabria. È ingiusto e, soprattutto, disumano. Vorrei conoscere, se possibile, il parere delle Ferrovie dello Stato.

«Il Messaggero», 1° settembre 1979

Di che cosa parla questo articolo?

....
....
....
....
....
....
....
....
....
....

— Sono comodi i viaggi in treno in estate?
— Che succede ad alcune persone?
— Che cosa dovrebbero fare le Ferrovie Italiane?
— Hai mai viaggiato in treno in Italia?
— È buona la rete ferroviaria nel tuo Paese?
— Ti piace viaggiare in treno?

Se tu dovessi riscrivere questo articolo, come lo faresti?

Dialogo con le stelle

(dialogo da completare)

Questa notte Aldo non può dormire: il caldo è soffocante, è impossibile stare a letto; allora va sul terrazzo e comincia a guardare il cielo stellato: tutte quelle luci tremolanti attraverso l'aria secca, sembrano tanto vicine da poterle toccare o magari da poterci parlare. Improvvisamente una stellina, la più luminosa, gli chiede:

STELLINA: Che pensi, perché non dormi?

ALDO: Non posso dormire, ho mille pensieri per la testa; eppure sono stanco. Guardo le case, i fiori, gli alberi e le strade così tranquille nel silenzio della notte!

STELLINA: Già, di giorno è tutto diverso. Voi uomini avete sempre fretta: a vedervi dall'alto siete proprio uno spettacolo penoso...

ALDO: È vero! Si vive sempre con l'orologio sotto il naso; non c'è più tempo per parlare, per scherzare, per fare un giro fra i boschi...

STELLINA: Non trovate il tempo perché non volete trovarlo; siete così sciocchi, non vi ricordate mai che la vostra vita è corta?

ALDO: Tu da quanto tempo vivi?

STELLINA: Non ricordo quando sono nata e non so quando morirò; ma in questa lunga vita ne ho viste tante...

ALDO: ....

STELLINA: ....

ALDO: ....

STELLINA: ....

ALDO: ....

STELLINA: ....

ALDO: ....

STELLINA: ....

ALDO: ....

STELLINA: ....

In giro per le compere

Sei la proprietaria di un negozio di abbigliamento. In questo momento c'è la signora Belli, una delle tue migliori clienti, che sta scegliendo un vestito.

— Che ne dice, signora, di questo vestito? Non mi convince, mi sembra che mi ingrassi...
— Io non direi, anzi le sta bene; certo, le starebbe meglio con un paio di scarpe col tacco alto.
— Sì, certo, ma mi sembra che abbia un difetto qui dietro...
— Vediamo... sì... con una piccola correzione è perfetto... ecco... guardi... soddisfatta?
— Sì, adesso sì.
— Mi creda, signora, con questo vestito, sembra un'indossatrice, lo prenda...

Nel tuo negozio c'è una signorina che viene di tanto in tanto.

— Provi questo vestitino signorina! Secondo me è molto adatto alla sua figura.
— ... Ecco fatto, come mi sta?
— Benissimo, bisogna solo accorciare un po' l'orlo.
— Non so, sono indecisa...
— Se non è convinta non lo prenda; ma non le assicuro che domani ce lo ritroverà, è un modello che va a ruba.
— Sì, ma preferivo qualcosa di più sportivo.
— Più sportivo di questo? Ma questo è un vestito adatto a tutte le occasioni, eleganti e non...
— Sì, forse ha ragione lei, lo prendo.

Nel tuo negozio c'è una tua amica che sta provando un completo.

— Come ti sembra, mi sta bene?
— Ti sta a pennello, è veramente un modello grazioso, eh?
— Ma non ti sembra che mi faccia i fianchi un po' larghi?
— Ma scherzi? Guarda, con una piccola correzione è perfetto; e poi ti faccio un buon prezzo, è l'ultimo che mi è rimasto...

Sei la proprietaria o la commessa di un negozio di scarpe (o di cappelli) e cerchi sempre di persuadere i tuoi clienti a comprare qualcosa. Immagina un dialogo fra te e

— una signora anziana e ricca e sempre un po' indecisa;
— un tua amica che vuole spendere sempre poco;
— una cliente nuova, piuttosto giovane.

Una moglie femminista

(dialogo da completare)

Una ragazza femminista e un ragazzo che ragiona in modo tradizionale. I due si sono sposati da poco e con la convivenza sono emersi i primi problemi, le prime discussioni, i primi litigi: lei vuole che lui collabori al 'menage' familiare, lui razionalmente capisce che lei ha ragione, ma...

LEI: Oggi tocca a te lavare i piatti!

LUI: Uffah, con questa storia dei piatti! Io non li lavo.

LEI: Bene, i piatti restano lì...

LUI: Ma dài, lo sai che non ho mai fatto questo tipo di lavoro, non insistere! E poi hai visto che quando li lavo io, ne rompo sempre qualcuno?

LEI: Comincio a pensare che lo fai apposta. Comunque così non si può andare avanti. Io lavoro come te, poi quando torniamo a casa tu sprofondi nella poltrona a leggere e io devo lavare, stirare, cucinare, pulire... Lo capisci che non ce la faccio e che non è neanche giusto?

LUI: Io lo capisco, ma tu devi anche pensare che io per trent'anni ho vissuto con mia madre che ha sempre pensato a tutto senza mai lamentarsi e la sua vita mi sembrava normale. Poi arrivi tu e mi dici: stirati le camicie, lava i piatti, fa' la spesa...

LEI: Ma tua madre non lavorava fuori di casa; e poi... non nominarla! È colpa dell'educazione che ti ha dato, se siamo in questa situazione...

LUI: ....

LEI: ....

LUI: ....

LEI: ....

LUI: ....

LEI: ....

La paura arriva di notte

(racconto poliziesco da completare)

La grande villa sorgeva isolata a pochi chilometri dalla città, circondata da un grande giardino pieno di piante secolari; ci abitava da sola Pina Ravera, da quando era rimasta vedova e i figli se ne erano andati lontano. Di giorno aveva la compagnia di un giardiniere e di una donna che l'aiutava a pulire la casa, ma di notte restava sola. Ricchissima, non si fidava di nessuno e viveva nella paura continua di essere derubata, per cui appena faceva buio, si chiudeva dentro a leggere o a sentire la musica, ma bastava un semplice rumore degli alberi o di qualche animale randagio per farle sospettare i furti più spettacolari. Anche ieri sera, come aveva già fatto altre volte, ha telefonato all'ispettore Grandi, terrorizzata: «Ispettore, venga subito, c'è un ladro che sta per entrare, ho sentito un rumore sul terrazzo: corra, faccia presto, per carità!!» L'ispettore è salito sulla macchina e si è diretto verso la villa...
....
....
....

Prova a trovare un finale a questo racconto.

Un mondo di animali
(favola da completare)

C'era una volta una vecchia, grande fattoria dove viveva Arturo con sua moglie Emma; c'erano anche tanti animali: due cavalli di razza, molti maiali grassi, oche chiassose, dei simpaticissimi piccioni, tante galline, tre galli forti e coraggiosi, qualche anatra, le pecore con tre agnellini, due capre, il cane e il gatto di casa. Ormai si conoscevano da tanto tempo che andavano tutti d'accordo; solo il cane e il gatto, quando si vedevano da lontano, cambiavano strada: meglio non metterci l'occasione per litigare...
Una notte ci fu un tremendo temporale, gli animali chiusi nelle stalle non potevano dormire, sembrava che la terra si aprisse da un momento all'altro...
Forse si aprì veramente? Il fatto è che la mattina quando spuntò il giorno, di Arturo e Emma non c'era più traccia. Il cane, che la notte non era legato, fece un giro nei dintorni ma non li trovò e non trovò nessuno neanche nelle fattorie vicine! Tutto era rimasto come prima, solo gli uomini erano scomparsi... Spaventato, incredulo, meravigliato, incerto, ritornò alla fattoria e dette la notizia. Sciolse e liberò tutti gli animali e poi si riunirono nell'aia per discutere e decidere sul da farsi. Il gatto, che era il più deciso e il più forte di carattere, ...

Prova a completare questa favola.

Questa pagina è per te. Tutti noi, da bambini o più tardi, abbiamo sentito delle favole o delle storie raccontate dai nonni, dai genitori, da qualche vecchio. Scrivi in questa pagina la storia che ti è piaciuta di più. Raccontala poi ai tuoi compagni di scuola.

A letto con l'influenza

Durante il periodo delle lezioni vivi in una pensione vicina all'università con una padrona di casa anziana e molto gentile. Tu cerchi di non disturbarla, ma oggi hai una brutta influenza.

— È permesso? Come mai non si è alzata stamattina? Non si sente bene?
— Credo di avere l'influenza; mi fa male la gola e ho tutte le ossa rotte.
— Allora oggi non deve alzarsi!
— Sì, forse è meglio. Le dispiacerebbe portarmi una tazza di tè caldo e un'aspirina?
— Glielo preparo subito; vuole anche qualcosa da mangiare?
— Non si disturbi, signora, lei ha tanto da fare!

Oggi sei malata e resterai a letto; prima che tuo marito esca, ti fai portare le cose di cui hai bisogno.
....
....

— Scusa, Paolo, mi porteresti il termometro? Credo di avere un po' di febbre.
— È possibile, va in giro una brutta influenza... eccolo.
— Grazie! Prima di uscire mi porti qualcosa da mangiare?
— Un toast va bene?
— Sì. Senti, io questa mattina non esco, Pensa tu a fare la spesa; ci vuole il pane, un po' di carne e la frutta...

Hai preso una brutta influenza e non puoi proprio alzarti; per fortuna c'è tua sorella...
....
....

— Come ti senti?
— Ho la gola secca per la febbre, mi prepareresti una tazza di tè?
— Certo, così ne bevo una tazza anche io.
— Portami anche un po' di biscotti.
— Eccoli!
— Uffah, quant'è noioso stare a letto. Mi leggeresti il giornale di oggi?
Ah, senti, prima di sederti telefona a Sandra, dille se viene a trovarmi. Portami anche le aspirine.

Stai preparando un esame molto importante. Vuoi dedicare a questo tutto il tempo che hai a disposizione, non vuoi perdere la concentrazione, non vuoi distrarti con le piccole faccende domestiche. Immagina il dialogo che si svolge fra te e

— la signora della pensione;
— tua sorella;
— tua madre;

quando chiedi loro di prepararti il pranzo o di portarti qualcosa di cui hai bisogno.

Leggi con attenzione questo articolo di giornale, cerca nel dizionario le parole che non conosci e osserva le strutture nuove.

Nazioni Unite

Rapporto bomba sulla disparità uomini-donne

NEW YORK — Soltanto profondi cambiamenti dell'intera società, potranno dare alla donna la possibilità di essere un giorno considerata alla pari dell'uomo. In realtà la maggioranza dei due miliardi ed oltre di donne sparse oggi nel mondo non ha neppure mai avuto l'opportunità di chiedere un miglioramento della sua situazione. È quanto afferma, con toni indubbiamente sconfortanti, il rapporto sulla condizione mondiale della donna curato dal Centro delle Nazioni Unite per lo sviluppo sociale e le questioni umanitarie.

La situazione culturale, sociale ed economica delle donne è soltanto uno degli aspetti di un ingiusto ordinamento socio-economico che custodisce a mo' di tesoro, perpetuandoli, valori come quello della presunta «superiorità» di una razza sull'altra, del capitale sul lavoro, dei sani sui malati, dei «normali» sui «diversi», si legge nel documento.

Le donne costituiscono oggi un terzo della forza-lavoro internazionale ma nonostante questa massiccia presenza, nelle loro tasche finisce soltanto un decimo del reddito internazionale.

I due terzi delle donne sparse nel mondo sono analfabete e controllate dai rispettivi mariti ma quando il marito muore o rinuncia al suo «ruolo» queste stesse donne sono in grado di trasformarsi in capi-famiglia.

«Il Messaggero», 31 agosto 1979

Di che cosa parla questo articolo?

....
....
....
....
....
....
....
....
....

— Quando la donna potrà essere veramente pari all'uomo?
— Come vivono oltre due miliardi di persone?
— Quante sono le donne che lavorano nel mondo?
— In che condizioni vivono i due terzi delle donne nel mondo?
— Com'è la condizione della donna nel tuo Paese?
— C'è una legge che protegge la donna?
— Che cosa hanno fatto le donne negli ultimi tempi?

....
....
....
....
....
....
....
....
....
....

Se tu dovessi riscrivere questo articolo di giornale sulla condizione della donna nel mondo, come lo riscriveresti?

....
....
....
....
....
....
....
....
....
....
....
....
....
....
....
....
....
....
....
....
....
....
....
....
....
....
....

Misura il tuo spirito d'osservazione

Uno strano furto

La nobildonna Olimpia, appartenente a un'antica famiglia ormai in decadenza, ha chiamato questa mattina il commissario per denunciare la scomparsa dei suoi preziosi gioielli, che lei teneva ben protetti in una cassaforte nascosta dietro una tenda. La signora è tutta agitata, spettinata e confusa mentre racconta al commissario come si è accorta della misteriosa scomparsa e gli confessa che quei gioielli di inestimabile valore, erano la sua ultima ricchezza. Il commissario osserva attentamente tutto ciò che vede e ascolta bene le parole della signora, ma alla fine accusa proprio lei: la signora stessa ha fatto sparire i suoi gioielli per poter intascare una forte assicurazione.
Come ha fatto il commissario?

In casa non è entrato nessuno perché: 1) se fosse entrato avrebbe lasciato delle impronte e invece il pavimento è perfettamente pulito; 2) un ladro non accenderebbe mai le luci di casa, ma una pila; 3) solo la signora aveva le chiavi e la cassaforte non è forzata.

Descrivi e confronta

Siamo nel 1963: Enzo, contadino del sud, lascia il paese per andare all'estero a lavorare in una grande industria. Il suo è un paese povero, la terra è avara, la disoccupazione aumenta sempre di più e ci sono solo due possibilità: fare la fame al paese o tentare la fortuna fuori...

Prima di partire Enzo dà un ultimo sguardo alla sua terra, ai luoghi a lui familiari e ne fissa bene le immagini nella mente.

Siamo nel 1980: dopo tanti anni Enzo ritorna al paese natale per farlo conoscere alla moglie e ai figli, per far vedere agli amici di un tempo che lui, lontano, ha fatto fortuna. Ma non crede ai suoi occhi: il paesino povero di tanti anni fa si è trasformato in una cittadina moderna...

Confronta le due immagini e descrivi il paese di Enzo, com'era una volta e com'è adesso. Che cosa è cambiato? Che cosa c'era che adesso il progresso ha cancellato o modificato? Immagina di essere tu, Enzo, e descrivi il tuo paese come lo vedi e come lo ricordi...

Leggi con attenzione questo articolo di giornale, cerca nel dizionario tutte le parole che non conosci e osserva le strutture nuove.

Vendevano dosi di hashish al Luna Park Quattro arresti

Gli agenti si erano appostati tra le giostre di piazza Albania

Sono stati colti con le mani nel sacco, al Luna-Park di piazza Albania, e tratti in arresto per «detenzione e spaccio di sostanze stupefacenti». L'operazione è stata condotta dal commissario del servizio antidroga, dopo alcuni giorni di appostamenti.

A insospettire gli investigatori è stato l'andirivieni di tre giovani, che dopo aver confabulato con gli ac-quirenti entravano nel baraccone dei bigliardini e ne uscivano con la «merce» da consegnare. Una volta sicuri di non fare un buco nell'acqua gli uomini del servizio antidroga hanno tirato fuori le manette e hanno dichiarato in arresto il terzetto. La successiva perquisizione compiuta dagli agenti ha condotto alla scoperta di 200 grammi di hashish nascosti fra i bigliardini.

Di che cosa parla questo articolo?

....
....
....
....
....
....
....
....
....
....
....
....
....

— Chi è stato colto con le mani nel sacco?
— Che cosa avevano i quattro giovani?
— Chi ha condotto questa operazione?
— Dove avveniva il commercio della droga?
— L'uso della droga è molto diffuso nel tuo Paese?
— Chi consuma maggiormente la droga?
— C'è una legge che punisce gli spacciatori?

....
....
....
....
....
....
....
....
....
....

Se tu dovessi scrivere un giornale un articolo sul problema della diffusione della droga nel tuo Paese, che cosa scriveresti?

....
....
....
....
....
....
....
....
....
....
....
....
....
....
....
....
....
....
....
....
....
....
....

Misura il tuo spirito d'osservazione

La vicina di casa

Hanno rubato un quadro di grande valore in casa dell'antiquario Verdi, che vive in una villetta fuori della città. I primi sospetti cadono sulla sua vicina di casa, la bionda Cristina, visto che nelle vicinanze non ci abita nessun altro. La ragazza però è molto sicura di sé e si difende bene, ma al commissario che cura le indagini, non sfuggono tre particolari che dimostrano senza ombra di dubbio che la colpevole è proprio lei, Cristina.

Leggi i seguenti fumetti e osserva attentamente i disegni. Come ha fatto il commissario a capire che Cristina è colpevole?

Leggi con attenzione questo articolo di giornale, cerca nel dizionario le parole che non conosci e osserva le strutture nuove.

....
....

Il fumo è donna

■ Non so se esistano statistiche sulle percentuali di fumatori tra uomini e donne. A me sembra che ormai siano in maggioranza le donne «attaccate al fumo»: basta fare un rapido «sondaggio» per le strade, e si vede che sono di più le passanti che i passanti con la sigaretta in mano.

Se questo è un segno di emancipazione, rispetto ai tempi in cui le donne fumatrici erano più prudenti nel soddisfare il loro bisogno di tabacco, allora è certamente positivo, in nome dell'affermato femminismo. Diventa invece negativo, se fosse un segno di più diffuso nervosismo tra le donne: infatti pare che gli scienziati abbiano scoperto una stretta relazione tra dedizione al fumo e sistema nervoso, nel senso che il primo diventa sempre più spesso indispensabile per dare una mano all'equilibrio del secondo.

«Il Messaggero», 10 novembre 1979

Di che cosa parla l'articolo?

....
....
....
....
....
....
....
....
....
....

— Sono di più i fumatori o le fumatrici, secondo l'autore di questa lettera?
— Il fatto che le donne fumino è positivo o negativo?
— Che cosa indica la grande diffusione del vizio del fumo fra le donne?
— A quale età si comincia generalmente a fumare?
— Che cosa fanno i medici per far conoscere i danni provocati dal fumo?

....
....
....

. . . .
. . . .
. . . .
. . . .
. . . .
. . . .
. . . .

Se tu dovessi scrivere un articolo di giornale sulla diffusione, sempre maggiore, dell'abitudine del fumo fra le donne e sul significato che questo fatto assume nella società moderna, che cosa scriveresti?

. . . .

Descrivi e confronta

Aldo e Mara hanno un impegno, oggi pomeriggio; escono e lasciano il figlio solo per un po': ormai è abbastanza grande per pensare a se stesso. Gli raccomandano solo di non mettere tutto sottosopra e gli assicurano di tornare presto...

Aldo e Mara sono già di ritorno; hanno cercato di fare il più presto possibile perché avevano paura che Marco, il figlio, si annoiasse tutto solo; ma appena entrano in soggiorno hanno una sorpresa poco piacevole: Marco non si è annoiato, anzi! Ha giocato a guardie e ladri con un immaginario ladro e ... ecco il risultato!

Scheda 1

Il giornale

Compra un quotidiano italiano, ritaglia gli articoli che ti interessano di più; guarda anche se c'è qualche notizia che riguarda il tuo Paese. Prova a leggere da solo questi articoli, e domani porta a scuola tutto il materiale che hai raccolto, per lavorare insieme alla classe.
Cerca nel dizionario le parole che non conosci, osserva le strutture nuove, preparati a fare il riassunto di ciò che hai letto e se ti è venuta qualche curiosità in merito alla vita italiana o a qualche problema in particolare, porta delle domande da proporre in classe.
L'articolo che riguarda il tuo Paese è poco chiaro per i tuoi compagni? Prova a spiegarglielo tu.

Scheda 2

Scritte murali

Se sei in Italia, sicuramente avrai notato che quasi tutti i muri lungo le strade principali delle città, sono ricoperti di scritte; le hai mai lette? Guardale, ci troverai frasi simpatiche, scherzi, satire politiche, commenti sui fatti più recenti, insomma l'umore della gente. Grammaticalmente troverai delle sorprese: frasi senza il verbo, frasi in cui non è rispettato l'accordo fra nome e aggettivo, ecc. Per la prossima lezione, fa' un giro per la città e scrivi qui sotto le frasi murali che vedi e che comunque quelle che ti colpiscono di più.

Nel tuo Paese è diffusa l'abitudine di scrivere sui muri? Quali sono gli argomenti che ricorrono più spesso? Ti ricordi qualche scritta murale? Puoi tradurla in italiano?

....
....
....
....
....
....
....
....
....
....
....
....
....
....
....
....
....
....
....
....
....
....
....
....
....
....
....
....
....
....

Scheda 3

Le canzoni

Prendi un disco con la canzone italiana che ti piace di più o con quella di maggior successo in questo momento; ascoltalo attentamente una o più volte e cerca di trascriverne le parole. Guarda nel dizionario quelle che non conosci e, una volta fatto questo lavoro, cerca di comprendere il senso del testo. È un testo interessante? Di che cosa parla? Prendi adesso una canzone del tuo Paese, traducila in italiano. Qual è il tema che ricorre con maggior frequenza nelle canzoni del tuo Paese? Che tipo di musica preferiscono i giovani del tuo Paese?

....
....
....
....
....
....
....
....
....
....
....
....
....
....
....
....
....
....
....
....
....
....
....
....
....
....
....
....
....
....
....

Leggi con attenzione questo articolo di giornale, cerca nel dizionario le parole che non conosci e osserva le strutture nuove.

Un pacco destinato ad un ospedale di Palermo è rimasto danneggiato: conteneva materiale radioattivo. Scattato l'allarme, è subito giunta un'apposita squadra dei vigili del fuoco che ha potuto constatare la non pericolosità della sostanza

---

Pericolo di radioattività all'aeroporto di Fiumicino

Allarme all'aeroporto «Leonardo Da Vinci» di Fiumicino: un pacco contenente materiale radioattivo è caduto durante le operazioni di carico e si è schiacciato. I vigili del fuoco sono accorsi in forze nel magazzino con la squadra antiatomica.

L'allarme è terminato solo dopo che gli esperti dei vigili del fuoco hanno potuto accertare che la radioattività presente nel pacco non era pericolosa, anche se lo sarebbe potuto diventare se gli operai fossero stati molto tempo vicino alla sorgente di radioattività, cosa che non è accaduta, dal momento che sono stati gli stessi operai ad accorgersi che le due cassette erano lesionate.

La scoperta è avvenuta durante le operazioni di carico delle merci. Un operaio, durante un controllo, si è accorto che il pacco che stavano caricando sull'aereo e che era destinato ad un ospedale palermitano era schiacciato, forse perché era finito sotto alcuni grossi contenitori mentre veniva trasportato dal magazzino all'aereo.

Accortisi del contenuto della cassetta, gli operai hanno avvisato i vigili del fuoco dell'aeroporto, i quali hanno a loro volta avvertito il comando, mentre l'aereo stava decollando. Da Roma è partita la squadra antinucleare, che ha rilevato che la quantità di radioattività non costituiva pericolo. «Non si tratta di un quantitativo pericoloso — hanno sottolineato i dirigenti dei vigili del fuoco — ma che può diventarlo, se si rimane per molto tempo nelle vicinanze della sorgente radioattiva».

Di che cosa parla l'articolo?

....
....
....
....
....
....
....
....
....
....
....
....

— Che cosa è successo all'aeroporto di Fiumicino?
— Chi è corso subito all'aeroporto?
— Gli operai sono rimasti colpiti dalle radiazioni atomiche?
— Chi si è accorto che un pacco era danneggiato?
— Da dove è partita la squadra antinucleare?
— Gli incidenti causati da sostanze radioattive sono sempre più frequenti: anche nel tuo Paese sono accaduti?
— Che cosa pensi dell'energia nucleare?

....
....
....
....
....
....
....
....
....
....
....
....
....
....
....
....
....
....
....
....
....

Se tu dovessi scrivere un articolo di giornale sull'incidente che è successo a Fiumicino, come lo scriveresti? Lo presenteresti come un fatto di scarsa importanza o te ne serviresti per avvertire la gente dei pericoli che presenta l'energia nucleare?

....
....
....
....
....
....
....
....
....
....
....
....
....
....
....
....

Da *Lettera a una professoressa* della Scuola di Barbiana

Gli esami

[...] Il compito di francese era un concentrato di eccezioni [...] Passò con nove un ragazzo che in Francia non saprebbe chiedere neanche del gabinetto. Sapeva solo chiedere gufi, ciottoli e ventagli sia al plurale che al singolare. Avrà saputo in tutto duecento vocaboli e scelti col metro di essere eccezioni, non d'essere frequenti. Il risultato è che odiava anche il francese come si potrebbe odiare la matematica.

Io le lingue le ho imparate coi dischi. Senza neanche accorgermene ho imparato prima le cose più utili e frequenti. Esattamente come s'impara l'italiano.
Quell'estate ero stato a Grenoble a lavar piatti in una trattoria. M'ero trovato subito a mio agio. Negli ostelli avevo comunicato con ragazzi d'Europa e d'Africa.
Ero tornato deciso a imparare lingue a tutto spiano. Molte lingue male piuttosto che una bene. Pur di poter comunicare con tutti; conoscere uomini e problemi nuovi, ridere dei sacri confini delle patrie.

Da *Metello* di Vasco Pratolini, ed. Mondadori.

L'età che va dagli anni ventuno ai ventiquattro, è decisiva per la vita di un uomo, per un figlio di popolo in specie. Egli si è definitivamente licenziato dall'adolescenza; ha conosciuto l'amore, la fatica, il dolore e tutto sembra averlo irrobustito. Il suo sangue è una rosa [...]; la sua ansia di vita morde i giorni come il bambino morde la mela. Egli ha fiducia in se stesso, e negli uomini, anche se crede di diffidarne, come nelle cose che tocca, nei colori che vede. [...] La natura, di cui egli è una forza, coi suoi turbamenti e tentazioni, comunque lo esalta. Ha interessi, affetti, ideali che assorbono interamente i suoi entusiasmi, [...] e la sua fede. [...] È a questo punto che la Patria lo chiama per compiere il servizio di leva. Lo arresta nel suo slancio, brucia la strada alle sue spalle, eleva un muro sul suo avvenire. Al suo ritorno, con un'esperienza che non potrà in nessun modo agevolarlo tanto è estranea alla realtà e alle esigenze della vita civile, egli dovrà ricominciare daccapo. Sarà stato, nel migliore dei casi, come prigioniero dentro un pozzo, diciamo dentro un vaso di spirito, un acquario. [...]

Da *L'avventura d'uno povero cristiano* di Ignazio Silone, ed. Mondadori.

Celestino V.: «Diletti figli, anche quelli che ancora non mi conoscono di persona, sanno che non debbono aspettarsi da me una lezione di oratoria sacra. So che un'arte simile esiste, con regole e modelli; ma, ve lo confesso umilmente, io non l'ho studiata, mentre ho sentito dire che alcuni di voi sono in essa espertissimi e addirittura celebri. Tenete anche conto che per molti anni ho fatto vita eremitica, che è un genere di vita in cui si parla poco. Mi intratterrò dunque con voi alla buona, da padre a figli, e in anticipo vi chiedo scusa se sarò noioso, come spesso lo è il padre che parla a figli più istruiti di lui. Mi limiterò pertanto a due sole raccomandazioni. Devo anzitutto dirvi: nel predicare, se vi è possibile, cercate di essere semplici. Ah, so bene che non è facile parlare con semplicità. Per riuscirvi sarebbe necessario, questo va da sé, di essere interiormente semplici, e la vera semplicità è una conquista assai difficile. L'intera esistenza di un cristiano [...], ha appunto questo scopo: diventare semplice [...] Dunque, vi supplico paternamente di adoperare nelle vostre prediche parole che tutti capiscano. La parola di Dio si rivolge a ogni creatura e in particolare alle più umili. A quelli, cui il parlare semplice riuscisse più difficile, posso consigliare un espediente. Ognuno di voi, immagino, ha relazione con qualche persona incolta, un uomo di fatica, che conosce appena il proprio mestiere e nient'altro. Ebbene, [...], recitate a lui privatamente, la vostra predica e sopprimete ogni parola che lui non capisca. [...] La mia seconda avvertenza è più importante. C'è un proverbio che dice: bada a quello che il prete dice e non a quello che il prete fa. [...] Ma vi assicuro che il popolo cristiano la pensa e giudica al contrario e, a mio avviso, esso ha perfettamente ragione. Esso bada più a quello che i preti o i frati fanno che a quello che essi dicono. Il cristianesimo infatti, non è un modo di dire ma un modo di vivere.

NOTE

NOTE

Indice

STAMPATO A FIRENZE
NEGLI STABILIMENTI TIPOGRAFICI
« E. ARIANI » E « L'ARTE DELLA STAMPA »